I0567341

DISCLAIMER

The author and publisher are providing this book and its contents on an "as is" basis and make no representations or warranties of any kind with respect to this book or its contents. The author and publisher disclaim all such representations and warranties, including but not limited to warranties of merchantability. In addition, the author and publisher do not represent or warrant that the information accessible via this book is accurate, complete, or current.

Except as specifically stated in this book, neither the author nor publisher, nor any authors, contributors, or other representatives will be liable for damages arising out of or in connection with the use of this book. This is a comprehensive limitation of liability that applies to all damages of any kind, including (without limitation) compensatory; direct, indirect, or consequential damages; loss of data, income, or profit; loss of or damage to property; and claims of third parties.

BESTACTIVITYBOOKS.COM

FIRST EDITION - Published 2022

Extra Graphic Material From: www.freepik.com
Thanks to: Alekksall, Starline, Pch.vector, Rawpixel.com, Vectorpocket, Dgim-studio, Upklyak, Macrovector, Stockgiu, Pikisuperstar & Freepik.com Designers

GET
YOUR
BONUS
FREE
CODE: WSBONUS20

5 TIPS TO START!

1) HOW TO SOLVE

The Puzzles are in a Classic Format:

- Words are hidden without breaks (no spaces, dashes, ...)
- Orientation: Forward & Backward, Up & Down or in Diagonal (can be in both directions)
- Words can overlap or cross each other

2) ACTIVE LEARNING

To encourage learning actively, a space is provided next to each word to write down the translation. The **DICTIONARY** allows you to verify and expand your knowledge. You can look up and write down each translation, find the words in the Puzzle then add them to your vocabulary!

3) TAG YOUR WORDS

Have you tried using a tag system? For example, you could mark the words which have been difficult to find with a cross, the ones you loved with a star, new words with a triangle, rare words with a diamond and so on...

4) ORGANIZE YOUR LEARNING

We also offer a convenient **NOTEBOOK** at the end of this edition. Whether on vacation, travelling or at home, you can easily organize your new knowledge without needing a second notebook!

5) FINISHED?

Go to the bonus section: **MONSTER CHALLENGE** to find a free game offered at the end of this edition!

Want more fun and learning activities? It's **Fast and Simple!**
An entire Game Book Collection just **one click away!**

Find your next challenge at:

BestActivityBooks.com/MyNextWordSearch

Ready, Set... Go!

Did you know there are around 7,000 different languages in the world? Words are precious.

We love languages and have been working hard to make the highest quality books for you. Our ingredients?

A selection of indispensable learning themes, three big slices of fun, then we add a spoonful of difficult words and a pinch of rare ones. We serve them up with care and a maximum of delight so you can solve the best word games and have fun learning!

Your feedback is essential. You can be an active participant in the success of this book by leaving us a review. Tell us what you liked most in this edition!

Here is a short link which will take you to your order page.

<u>BestBooksActivity.com/Review50</u>

Thanks for your help and enjoy the Game!

Linguas Classics Team

1 - Antiques

P	Q	S	M	Q	V	I	T	A	R	O	K	E	D
Q	R	E	K	K	Y	M	S	U	K	Y	V	Q	C
N	H	S	S	U	A	Y	N	A	A	W	A	Q	N
F	N	G	I	R	L	U	H	P	H	C	L	S	F
M	Y	N	T	E	R	P	K	T	Z	T	I	E	P
K	J	I	N	R	L	I	T	S	H	L	T	L	R
E	W	R	E	D	E	X	I	U	J	S	E	E	I
X	C	E	T	N	M	Q	K	S	R	O	T	G	S
I	E	T	U	U	M	T	G	K	V	U	N	A	Z
M	W	S	A	H	A	Ø	K	U	N	S	T	N	R
J	D	E	N	R	G	H	B	D	C	J	P	T	C
G	J	V	P	Å	O	G	I	L	N	A	V	U	J
K	T	N	V	E	R	D	I	R	E	L	M	A	S
U	J	I	G	A	L	L	E	R	I	R	B	T	F

KUNST
AUKSJON
AUTENTISK
ÅRHUNDRE
MYNTER
SAMLER
DEKORATIV
ELEGANT
MØBLER
GALLERI
INVESTERING
SMYKKER
GAMMEL
PRIS
KVALITET
SKULPTUR
STIL
UVANLIG
VERDI

2 - Food #1

S	M	E	L	K	P	J	O	R	D	B	Æ	R	F
P	A	O	T	F	E	R	Æ	P	O	Q	Y	C	M
L	W	L	F	G	A	K	A	P	R	I	K	O	S
M	L	T	A	L	N	P	M	B	T	Q	R	O	B
S	O	W	Q	T	Ø	O	Q	E	D	P	O	E	A
K	U	B	Z	L	T	A	J	J	S	Z	E	S	S
H	A	P	F	A	T	W	Q	Y	C	G	V	N	I
V	G	N	P	S	B	M	V	W	L	Ø	K	E	L
I	U	Z	E	E	Y	J	S	E	Q	B	Q	P	I
T	L	W	Q	L	G	U	I	W	S	R	G	E	K
L	R	R	C	O	G	I	T	Y	F	B	K	Q	U
Ø	O	D	O	O	X	C	R	E	K	K	U	S	M
K	T	M	Y	U	Q	E	O	S	P	I	N	A	T
T	U	N	F	I	S	K	N	V	L	M	B	Z	N

APRIKOS
BYGG
BASILIKUM
GULROT
KANEL
HVITLØK
JUICE
SITRON
MELK
LØK
PEANØTT
PÆRE
SALAT
SALT
SUPPE
SPINAT
JORDBÆR
SUKKER
TUNFISK
NEPE

3 - Measurements

L	M	T	T	Q	E	O	F	U	V	G	R	A	M
P	A	X	H	Q	U	J	K	T	U	R	F	Q	L
H	S	F	A	C	E	N	T	I	M	E	T	E	R
U	S	M	M	R	E	T	E	M	D	T	T	C	N
V	E	N	P	I	S	H	Y	A	E	E	B	Y	B
T	E	S	F	B	N	N	O	T	S	M	R	C	B
K	F	K	G	Y	U	U	S	A	I	O	L	I	K
W	K	T	T	B	P	N	T	P	M	L	V	B	B
V	D	T	T	L	X	H	C	T	A	I	O	N	R
G	R	A	D	E	Q	Q	K	R	L	K	L	V	E
K	E	O	D	N	H	Ø	Y	D	E	D	U	K	D
I	T	L	S	G	T	O	M	M	E	X	M	V	D
V	I	E	M	D	C	M	M	L	V	H	O	A	E
D	L	S	H	E	D	Y	B	D	E	H	U	W	W

BYTE
CENTIMETER
DESIMAL
GRAD
DYBDE
GRAM
HØYDE
TOMME
KILO
KILOMETER
LENGDE
LITER
MASSE
METER
MINUTT
UNSE
TONN
VOLUM
VEKT
BREDDE

4 - Farm #2

O	Q	K	T	E	D	N	E	O	J	X	Y	U	T
H	G	I	K	V	H	S	H	V	E	T	E	M	R
M	Y	O	Q	M	A	L	G	X	P	F	B	D	A
E	V	R	E	A	G	R	Ø	N	N	S	A	K	K
L	I	T	D	T	N	O	E	E	Y	R	A	A	T
K	N	C	N	E	I	K	O	R	N	E	K	F	O
R	D	X	O	B	N	H	H	I	Q	N	X	T	R
U	M	L	B	Q	N	D	P	D	P	G	M	Y	H
I	Ø	A	U	F	A	Q	Y	T	W	S	G	O	W
M	L	M	N	E	V	Å	L	T	J	I	Q	Y	I
G	L	A	K	F	R	U	K	T	H	A	G	E	B
G	E	D	X	U	H	A	O	F	J	C	V	Q	O
D	V	N	Y	E	S	S	I	M	A	F	K	S	D
X	R	A	X	R	F	R	U	K	T	F	O	L	T

DYR
BYGG
LÅVE
KORN
AND
BONDE
MAT
FRUKT
VANNING
LAM
LAMA
ENG
MELK
FRUKTHAGE
SAU
HYRDE
TRAKTOR
GRØNNSAK
HVETE
VINDMØLLE

5 - Books

O	P	P	F	I	N	N	S	O	M	Q	V	Q	S
A	K	T	U	E	L	L	V	Z	Q	F	B	A	A
N	J	B	T	R	E	L	L	E	T	R	O	F	M
K	O	N	T	E	K	S	T	K	I	D	W	I	L
M	H	V	I	S	E	O	P	J	A	H	C	Q	I
K	S	I	P	E	L	I	T	T	E	R	Æ	R	N
I	C	F	S	L	T	E	T	I	L	A	U	D	G
L	C	B	P	T	G	R	Y	T	N	E	V	E	T
R	O	M	A	N	O	G	A	C	D	L	B	H	E
S	C	M	R	N	E	R	D	G	A	O	T	A	V
D	G	A	K	D	N	B	I	W	I	S	I	D	E
H	I	S	T	O	R	I	E	S	W	S	K	F	R
F	O	R	F	A	T	T	E	R	K	S	K	P	K
H	U	M	O	R	I	S	T	I	S	K	F	Z	S

EVENTYR
FORFATTER
SAMLING
KONTEKST
DUALITET
EPISK
HISTORISK
HUMORISTISK
OPPFINNSOM
LITTERÆR
FORTELLER
ROMAN
SIDE
DIKT
POESI
LESER
AKTUELL
HISTORIE
TRAGISK
SKREVET

6 - Meditation

A	V	I	T	K	E	P	S	R	E	P	T	N	O
T	A	E	W	V	D	L	F	N	E	S	A	A	O
Z	E	T	N	G	A	X	M	D	S	T	K	T	P
L	M	S	R	N	V	N	F	S	L	I	K	U	P
D	S	U	Z	O	L	X	E	J	E	L	N	R	M
G	G	P	N	U	L	I	Y	R	G	L	E	K	E
A	K	S	E	P	T	I	G	H	E	H	M	L	R
I	K	Y	K	H	Y	P	G	H	V	E	L	A	K
J	I	R	Å	S	I	N	N	F	E	T	I	R	S
X	S	L	V	A	T	C	M	U	B	T	G	H	O
E	U	M	E	N	T	A	L	W	Q	M	H	E	M
L	M	F	Ø	L	E	L	S	E	R	H	E	T	H
M	E	D	F	Ø	L	E	L	S	E	F	T	R	E
T	A	N	K	E	R	F	R	E	D	X	Z	R	T

AKSEPT
OPPMERKSOMHET
VÅKEN
PUSTE
ROLIG
KLARHET
MEDFØLELSE
FØLELSER
TAKKNEMLIGHET
VANER
VENNLIGHET
MENTAL
SINN
BEVEGELSE
MUSIKK
NATUR
FRED
PERSPEKTIV
STILLHET
TANKER

7 - Days and Months

F	A	C	B	I	Z	T	S	U	G	U	A	Z	S
L	R	O	V	L	G	O	L	H	C	C	M	E	I
S	Ø	E	K	U	U	R	M	W	O	Y	N	P	W
F	E	R	D	J	N	S	A	F	N	C	Y	E	T
E	U	P	D	A	N	D	N	R	S	G	Q	E	I
B	D	J	T	A	G	A	D	E	D	A	N	Z	R
R	F	T	L	E	G	G	A	G	A	D	N	Ø	S
U	X	C	Z	X	M	J	G	N	G	S	M	O	N
A	K	S	G	P	J	B	K	X	T	R	Å	K	B
R	J	A	N	U	A	R	E	I	L	I	N	T	N
K	A	L	E	N	D	E	R	R	I	T	E	O	F
R	K	E	L	K	T	J	M	A	R	S	D	B	R
N	O	V	E	M	B	E	R	X	P	G	A	E	G
U	C	P	R	N	M	X	G	U	A	N	M	R	Q

APRIL
AUGUST
KALENDER
FEBRUAR
FREDAG
JANUAR
JULI
MARS
MANDAG
MÅNED
NOVEMBER
OKTOBER
LØRDAG
SEPTEMBER
SØNDAG
TORSDAG
TIRSDAG
ONSDAG
UKE
ÅR

8 - Energy

F	Y	D	C	N	U	S	B	H	M	Z	D	F	D
T	O	F	S	Q	F	K	M	R	D	V	E	O	I
U	I	R	T	S	U	D	N	I	E	Z	D	T	E
R	K	J	N	D	N	I	V	P	M	N	O	O	S
B	A	Q	E	Y	A	G	V	O	R	O	S	N	E
I	Q	S	G	K	B	M	D	R	A	R	R	E	L
N	K	E	O	X	X	A	P	T	V	T	V	M	L
N	A	M	R	O	Y	D	R	N	C	K	W	B	U
U	R	I	D	V	H	D	E	E	C	E	N	R	M
K	B	O	Y	F	J	O	S	Ø	J	L	I	M	O
L	O	P	H	Q	I	P	R	N	H	E	S	T	T
E	N	F	O	R	U	R	E	N	S	I	N	G	O
Æ	E	L	E	K	T	R	I	S	K	T	E	L	R
R	O	I	I	B	A	T	T	E	R	I	B	C	X

BATTERI
KARBON
DIESEL
ELEKTRISK
ELEKTRON
ENTROPI
MILJØ
BRENSEL
BENSIN
VARME
HYDROGEN
INDUSTRI
MOTOR
NUKLEÆR
FOTON
FORURENSING
FORNYBAR
DAMP
TURBIN
VIND

9 - Archeology

K	T	F	F	X	L	B	O	A	M	V	G	U	W
R	R	K	U	Y	W	W	B	N	M	U	Æ	K	G
E	E	X	M	N	S	O	J	T	I	R	R	J	F
M	P	L	U	Z	N	G	E	I	K	D	A	E	P
M	S	E	I	U	A	E	K	K	T	E	J	N	U
O	K	P	R	K	F	P	T	K	E	R	I	T	B
K	E	M	E	U	V	W	E	E	A	I	X	I	F
R	O	E	T	Z	Z	I	R	N	M	N	C	Q	O
E	X	T	S	U	S	Y	E	A	L	G	G	R	R
T	B	I	Y	S	I	A	N	A	L	Y	S	E	S
T	Z	E	M	F	O	S	S	I	L	T	W	G	K
E	E	A	I	F	R	A	G	M	E	N	T	R	E
C	I	F	H	N	G	L	E	M	T	H	B	A	R
S	I	V	I	L	I	S	A	S	J	O	N	V	N

ANALYSE
ANTIKKEN
BEIN
SIVILISASJON
ETTERKOMMER
ÆRA
VURDERING
EKSPERT
FUNN
GLEMT
FOSSILT
FRAGMENT
MYSTERIUM
OBJEKTER
RELIKVIE
FORSKER
TEAM
TEMPEL
GRAV
UKJENT

10 - Food #2

E	G	E	S	E	L	L	E	R	I	B	V	K	T
I	Q	T	P	M	I	Y	W	P	L	R	H	I	H
U	G	E	T	L	K	Y	T	A	M	O	T	R	D
O	N	V	X	Y	E	G	S	K	N	K	O	S	Y
W	S	H	T	O	U	S	G	K	Z	K	B	E	O
H	K	T	X	G	R	F	N	O	I	O	F	B	S
O	E	G	G	H	D	Q	I	J	N	L	B	Æ	J
F	P	D	Q	U	J	D	L	S	F	I	A	R	O
R	L	S	B	R	D	I	L	I	K	O	N	P	K
A	L	O	G	T	A	M	Y	T	A	M	A	A	O
S	O	P	P	R	I	S	K	R	K	L	N	Z	L
W	G	Y	C	D	P	Z	I	A	I	J	S	X	A
S	K	I	N	K	E	B	S	V	W	E	S	H	D
A	U	B	E	R	G	I	N	E	I	W	C	V	E

EPLE
ARTISJOKK
BANAN
BROKKOLI
SELLERI
OST
KIRSEBÆR
KYLLING
SJOKOLADE
EGG
AUBERGINE
FISK
DRUE
SKINKE
KIWI
SOPP
RIS
TOMAT
HVETE
YOGHURT

11 - Chemistry

D	T	N	Z	N	P	Y	N	K	J	T	S	V	O
M	R	Æ	E	L	K	U	N	L	J	E	Y	U	R
O	O	F	O	S	A	L	T	O	E	M	R	B	G
T	T	L	N	O	I	X	R	R	P	P	E	D	A
A	A	F	E	K	S	Æ	V	N	R	E	D	H	N
G	S	B	G	K	V	V	P	S	G	R	M	N	I
A	Y	C	O	A	Y	A	L	C	W	A	H	L	S
S	L	P	R	W	L	L	R	P	Z	T	U	G	K
S	A	G	D	Y	Q	K	I	M	D	U	M	J	Q
B	T	M	Y	Z	N	E	A	F	E	R	I	I	B
Q	A	T	H	R	B	I	H	L	Y	G	Q	G	D
Z	K	K	A	R	B	O	N	H	I	E	E	M	T
N	E	E	L	E	K	T	R	O	N	S	B	F	K
I	B	V	Y	K	Y	N	E	G	Y	S	K	O	M

SYRE
ALKALISK
ATOM
KARBON
KATALYSATOR
KLOR
ELEKTRON
ENZYM
GASS
VARME
HYDROGEN
ION
VÆSKE
MOLEKYL
NUKLEÆR
ORGANISK
OKSYGEN
SALT
TEMPERATUR
VEKT

12 - Music

M	K	L	A	S	S	I	S	K	G	J	H	S	J
B	U	N	B	P	N	Y	K	S	S	R	X	Q	A
A	K	S	I	N	O	M	R	A	H	Z	Q	M	I
L	G	N	I	L	L	I	P	S	N	N	I	C	N
L	X	O	T	K	H	V	M	U	S	I	K	E	R
A	W	D	C	A	A	O	P	E	R	A	M	G	O
D	X	A	R	U	P	L	P	K	W	F	E	N	K
E	L	Y	R	I	S	K	S	K	V	L	L	Y	P
M	I	K	R	O	F	O	N	K	Y	A	O	S	O
X	A	E	K	L	E	K	T	I	S	K	D	V	E
Z	V	L	R	Y	T	M	E	A	H	L	I	O	T
X	S	U	B	R	Y	T	M	I	S	K	V	K	I
R	F	Q	O	U	S	A	N	G	E	R	Q	A	S
D	N	I	N	O	M	R	A	H	Y	F	K	L	K

ALBUM
BALLADE
KOR
KLASSISK
EKLEKTISK
HARMONISK
HARMONI
LYRISK
MELODI
MIKROFON
MUSIKALSK
MUSIKER
OPERA
POETISK
INNSPILLING
RYTME
RYTMISK
SYNGE
SANGER
VOKAL

13 - Family

B	A	R	N	D	O	M	T	F	S	D	Z	F	B
B	R	O	R	B	A	F	X	A	R	L	X	A	A
S	E	O	D	A	E	U	C	T	N	N	U	D	R
P	T	S	H	R	Z	H	N	R	N	T	Z	E	N
J	T	A	T	N	D	S	T	H	A	P	E	R	E
S	E	W	M	E	N	E	V	Ø	M	Q	N	L	B
W	F	A	O	F	M	C	W	Z	E	P	O	I	A
P	V	S	I	B	A	O	R	Y	T	Z	K	G	R
D	H	Ø	M	A	B	R	R	K	K	A	T	E	N
K	W	S	F	A	R	E	K	M	E	N	P	V	S
R	E	T	T	A	D	V	D	O	N	J	M	E	N
T	U	E	S	E	I	N	G	R	V	F	O	M	E
J	D	R	O	N	K	E	L	W	F	A	R	L	V
M	Q	X	Y	Q	J	R	A	F	E	T	S	E	B

STAMFAR
TANTE
BROR
BARN
BARNDOM
FETTER
DATTER
FAR
BARNEBARN
BESTEFAR
BESTEMOR
EKTEMANN
MORS
MOR
NEVØ
NIESE
FADERLIG
SØSTER
ONKEL
KONE

14 - Farm #1

C	G	K	U	D	G	W	U	R	Z	Y	K	H	F
V	D	Y	T	O	B	I	S	O	N	Z	A	I	Q
I	A	K	C	Y	R	I	T	I	Ø	Y	L	D	P
K	Z	U	K	R	Å	K	E	J	R	G	V	W	T
L	I	R	J	Z	N	V	I	C	F	N	E	Z	H
N	R	B	M	E	G	A	B	O	E	I	K	I	M
E	E	D	N	U	H	N	T	G	Y	N	Z	K	T
F	M	N	X	Z	Z	N	L	U	S	N	J	G	S
V	E	A	G	E	W	Z	W	U	L	O	E	J	E
D	X	L	E	S	E	N	V	X	O	H	T	E	H
M	C	U	T	T	A	K	H	O	F	Q	O	R	Y
V	O	L	H	M	W	Y	Ø	F	X	H	K	D	W
K	Y	L	L	I	N	G	Y	D	E	I	M	E	R
G	J	Ø	D	S	E	L	S	X	Q	X	F	X	G

LANDBRUK
BIE
BISON
KALV
KATT
KYLLING
KU
KRÅKE
HUND
ESEL
GJERDE
GJØDSEL
FELT
GEIT
HØY
HONNING
HEST
RIS
FRØ
VANN

15 - Camping

I	U	J	L	L	E	J	F	Ø	G	A	W	Q	H
W	B	G	Q	Q	H	V	V	J	P	Q	V	T	Y
G	I	N	S	E	K	T	E	S	K	O	G	A	T
H	A	T	T	A	W	R	B	N	Z	P	C	M	T
I	Z	C	B	H	I	A	M	N	T	M	A	O	E
G	N	G	M	S	M	K	B	I	K	Y	H	R	T
K	Z	X	F	B	T	N	B	T	A	Y	R	O	Q
Q	P	I	K	K	R	Q	T	E	J	J	Y	Q	X
U	A	Z	O	O	N	A	K	L	S	V	D	I	M
R	Æ	R	T	M	Z	H	N	T	U	Y	Q	O	Å
U	P	H	S	P	Q	G	N	N	D	Q	X	W	N
T	L	C	R	A	Z	X	P	D	M	D	B	G	E
A	A	Z	H	S	V	P	N	O	R	I	Q	X	A
N	A	U	I	S	H	E	N	G	E	K	Ø	Y	E

EVENTYR
DYR
HYTTE
KANO
KOMPASS
BRANN
SKOG
MORO
HENGEKØYE
HATT
JAKT
INSEKT
INNSJØ
KART
MÅNE
FJELL
NATUR
TAU
TELT
TRÆR

16 - Algebra

W	L	K	R	I	C	R	F	M	Q	W	T	W	S
P	R	O	B	L	E	M	V	A	P	J	N	M	U
L	Ø	S	N	I	N	G	K	R	K	T	E	O	B
Y	L	G	A	R	Z	E	V	G	F	T	N	Z	T
L	I	N	E	Æ	R	Z	E	A	R	V	O	H	R
E	F	I	D	B	O	Y	Z	I	E	W	P	R	A
B	O	N	O	J	S	I	D	D	A	D	S	E	K
A	R	G	F	A	L	S	K	M	N	I	K	M	S
I	E	I	Q	D	T	C	I	A	U	V	E	M	J
R	N	L	E	M	R	O	F	T	L	I	O	U	O
A	K	U	K	A	I	X	I	R	L	S	V	N	N
V	L	E	D	K	Ø	R	B	I	B	J	T	H	M
K	E	G	X	Y	V	P	E	S	R	O	Y	H	B
P	A	R	E	N	T	E	S	E	L	N	K	R	T

ADDISJON
DIAGRAM
DIVISJON
LIGNING
EKSPONENT
FAKTOR
FALSK
FORMEL
BRØKDEL
LINEÆR
MATRISE
NUMMER
PARENTES
PROBLEM
FORENKLE
LØSNING
SUBTRAKSJON
VARIABEL
NULL

17 - Numbers

G	A	F	U	X	W	B	T	T	J	O	U	S	K
B	C	E	U	J	T	E	K	O	W	D	X	E	X
U	G	M	S	M	U	B	P	U	L	K	U	K	F
Y	C	W	Y	F	F	K	L	G	S	V	N	S	C
Y	A	I	V	A	R	C	L	P	Y	T	E	N	D
F	G	U	H	Q	T	I	N	K	T	Y	T	T	E
J	M	K	F	F	E	N	F	N	T	N	T	E	S
O	Q	D	I	K	K	E	E	E	E	L	E	V	I
R	R	S	R	M	T	T	T	T	N	T	R	E	M
T	Q	F	E	N	Q	S	T	M	E	D	T	A	A
E	A	B	T	O	P	K	Å	E	T	Y	N	A	L
N	N	L	O	S	J	E	Z	F	T	N	P	L	L
R	J	Y	S	O	F	S	C	H	I	E	Z	V	E
J	D	H	R	C	U	K	F	S	N	X	K	G	D

DESIMAL
ÅTTE
ATTEN
FEMTEN
FEM
FIRE
FJORTEN
NI
NITTEN
EN

SYV
SYTTEN
SEKS
SEKSTEN
TI
TRETTEN
TRE
TOLV
TJUE
TO

18 - Spices

I	S	B	H	Z	K	P	P	B	R	I	M	L	A
M	N	A	E	B	A	Q	I	I	Z	M	V	Ø	P
R	U	G	L	E	N	S	S	T	I	Z	C	K	A
L	I	S	E	T	E	Ø	N	T	S	M	A	K	P
I	K	V	K	F	L	T	W	E	W	R	X	B	R
I	K	A	I	A	Æ	H	K	R	P	S	J	N	I
P	A	N	N	H	T	R	L	A	K	R	I	S	K
V	R	I	N	N	E	Q	S	A	F	R	A	N	A
F	R	L	E	K	A	V	U	B	N	W	A	Q	S
E	I	J	F	H	N	G	Y	J	Z	V	N	V	P
D	S	E	P	W	I	U	L	Q	Z	L	L	Y	E
D	B	J	Q	G	S	H	V	I	T	L	Ø	K	M
K	O	R	I	A	N	D	E	R	M	W	P	M	L
K	A	R	D	E	M	O	M	M	E	H	Q	Y	S

ANIS
BITTER
KARDEMOMME
KANEL
FEDD
KORIANDER
KARRI
FENNIKEL
SMAK
HVITLØK
INGEFÆR
LAKRIS
MUSKAT
LØK
PAPRIKA
SAFRAN
SALT
SØT
VANILJE

19 - Universe

F	A	T	K	G	Y	X	A	L	A	G	E	H	H
S	I	G	Q	J	J	A	S	H	S	U	E	I	A
S	O	P	C	S	T	T	T	G	L	P	U	M	L
O	O	L	M	O	N	O	R	T	S	A	S	M	V
Y	R	L	V	K	E	T	O	V	Y	O	Y	E	K
B	K	H	A	E	K	N	N	O	E	S	N	L	U
A	T	B	L	R	R	N	O	O	L	Y	L	M	L
N	I	P	P	Q	Ø	V	M	Y	S	E	I	Å	E
E	G	S	N	G	M	O	I	N	W	I	G	N	V
A	T	M	O	S	F	Æ	R	E	G	J	R	E	M
B	R	E	D	D	E	G	R	A	D	O	G	O	B
K	O	S	M	I	S	K	N	B	W	K	Z	A	H
E	V	T	H	I	M	M	E	L	S	K	B	L	E
R	M	M	M	W	Q	T	E	L	E	S	K	O	P

ASTRONOM
ASTRONOMI
ATMOSFÆRE
HIMMELSK
KOSMISK
MØRKE
EON
GALAXY
HALVKULE
HORISONT
BREDDEGRAD
MÅNE
BANE
HIMMEL
SOLAR
SOLVERV
TELESKOP
SYNLIG

20 - Mammals

H	J	W	B	P	H	R	C	V	H	P	L	W	K
E	Q	Z	Y	R	D	I	Q	L	G	W	F	T	E
S	T	N	P	Æ	Y	Y	R	O	L	J	N	I	N
T	A	Z	Z	R	K	C	D	M	P	T	D	D	G
S	A	L	L	I	R	O	G	O	J	W	M	H	U
O	R	W	V	E	B	E	V	E	R	S	W	U	R
A	B	E	X	U	E	L	E	F	A	N	T	N	U
M	I	L	V	L	A	V	H	R	O	R	J	D	B
Q	T	D	F	V	L	Ø	V	E	O	Ø	X	Q	F
K	T	K	E	S	A	U	L	F	T	J	T	B	H
S	A	S	P	L	Y	L	U	A	Y	B	V	W	B
F	K	N	A	Y	F	S	J	I	R	A	F	F	V
A	M	K	I	U	T	I	O	K	S	E	X	Q	F
P	Q	B	Z	N	W	Q	N	S	E	B	R	A	I

BJØRN
BEVER
OKSE
KATT
PRÆRIEULV
HUND
DELFIN
ELEFANT
REV
SJIRAFF
GORILLA
HEST
KENGURU
LØVE
APE
KANIN
SAU
HVAL
ULV
SEBRA

21 - Bees

X	M	P	P	O	L	L	I	N	A	T	O	R	V
T	A	L	H	R	G	B	C	J	M	O	R	L	O
B	N	A	D	H	F	F	A	F	L	N	V	S	K
N	G	N	E	L	L	O	P	P	K	E	I	O	S
X	F	T	K	U	R	F	S	V	E	R	M	L	Ø
A	O	E	K	D	H	H	I	F	B	T	I	O	K
M	L	R	Y	E	R	L	N	L	U	S	V	K	O
R	D	L	Ø	P	S	O	D	I	K	M	A	D	S
J	P	J	R	W	U	N	N	P	I	O	R	Z	Y
G	U	N	S	T	I	G	I	N	B	L	U	O	S
H	V	N	C	U	C	T	A	T	I	B	A	H	T
A	P	J	S	Y	D	A	Z	C	Y	N	E	Z	E
G	Q	R	E	T	S	M	O	L	B	D	G	V	M
E	H	O	N	N	I	N	G	U	Y	Q	V	K	F

GUNSTIG
BLOMSTRE
MANGFOLD
ØKOSYSTEM
BLOMSTER
MAT
FRUKT
HAGE
HABITAT
BIKUBE
HONNING
INSEKT
PLANTER
POLLEN
POLLINATOR
DRONNING
RØYK
SOL
SVERM
VOKS

22 - Weather

T	O	R	N	A	D	O	E	R	A	L	T	E	P
I	X	A	Y	J	N	E	U	B	N	G	E	R	P
S	G	M	L	M	I	A	T	B	W	A	M	Æ	V
F	Y	Y	D	Y	V	W	K	Å	E	X	P	F	C
A	P	K	S	I	P	O	R	T	K	V	E	S	Q
M	O	N	S	U	N	A	R	C	R	E	R	O	N
I	M	E	I	I	H	I	Ø	K	Ø	L	A	M	U
L	O	D	R	M	I	N	T	T	T	E	T	T	Z
K	F	R	B	Z	T	S	T	O	R	M	U	A	P
X	R	O	I	G	P	P	I	B	A	M	R	F	O
K	F	T	G	X	F	Y	Z	P	L	I	M	K	R
A	Y	X	L	C	P	X	H	H	O	H	R	X	K
N	I	J	X	R	O	U	F	Z	P	A	I	J	A
D	W	I	P	G	S	S	V	L	M	Q	T	D	N

ATMOSFÆRE
BRIS
KLIMA
SKY
TØRKE
TØRR
TÅKE
ORKAN
IS
LYN
MONSUN
POLAR
REGNBUE
HIMMEL
STORM
TEMPERATUR
TORDEN
TORNADO
TROPISK
VIND

23 - Adventure

E	U	I	S	F	O	S	C	F	D	T	T	R	E
N	T	Y	J	V	L	K	R	O	E	D	E	L	G
T	F	Y	A	W	J	J	E	R	S	N	H	Z	U
U	L	X	N	T	R	Ø	I	B	T	A	G	F	T
S	U	N	S	J	P	N	S	E	I	V	I	O	F
I	K	F	E	X	Z	N	E	R	N	I	L	H	O
A	T	C	A	L	T	H	R	E	A	G	E	Q	R
S	P	E	B	R	E	E	U	D	S	A	K	P	D
M	J	P	H	G	L	T	T	E	J	S	S	V	R
E	C	N	Q	G	N	I	E	L	O	J	N	E	I
E	V	Y	V	D	I	O	G	S	N	O	A	N	N
A	O	E	V	S	O	L	P	E	G	N	V	N	G
M	J	E	B	C	W	R	U	T	A	N	H	E	E
U	V	A	N	L	I	G	P	M	N	H	H	R	R

SKJØNNHET
UTFORDRINGER
SJANSE
FARLIG
DESTINASJON
VANSKELIGHET
ENTUSIASME
UTFLUKT
VENNER
REISERUTE
GLEDE
NATUR
NAVIGASJON
NY
MULIGHET
FORBEREDELSE
UVANLIG

24 - Circus

X	X	Q	R	T	K	B	M	P	C	L	E	O	K
N	D	T	F	D	K	T	N	A	F	E	L	E	Y
R	B	I	M	U	S	I	K	K	G	L	P	P	Q
R	C	G	M	A	G	I	K	E	R	I	Ø	I	A
T	T	E	L	L	I	B	B	Z	R	O	O	V	Q
I	K	R	Æ	L	U	K	A	T	K	E	P	S	E
B	A	L	L	O	N	G	E	R	Y	D	E	U	G
C	Z	E	G	F	C	T	I	L	S	K	U	E	R
U	N	D	E	R	H	O	L	D	E	S	A	Z	T
V	V	A	K	O	S	T	Y	M	E	R	P	V	R
D	O	R	A	K	R	O	B	A	T	T	E	U	I
Z	L	A	S	J	O	N	G	L	Ø	R	E	R	K
K	K	P	N	S	S	A	A	Y	Z	L	L	L	S
M	E	H	W	V	C	H	G	U	L	F	H	C	T

AKROBAT
DYR
BALLONGER
KLOVN
KOSTYME
ELEFANT
UNDERHOLDE
SJONGLØR
LØVE
MAGI
MAGIKER
APE
MUSIKK
PARADE
SPEKTAKULÆR
TILSKUER
TELT
BILLETT
TIGER
TRIKS

25 - Restaurant #2

I	A	S	U	P	P	E	P	G	Y	S	D	V	M
Q	F	V	J	Z	X	T	S	A	N	C	E	A	V
E	J	K	S	U	C	Z	C	F	P	Q	I	N	T
D	G	J	N	K	A	K	E	F	L	L	L	N	A
F	R	G	U	N	F	N	U	E	S	O	I	F	A
R	E	I	L	K	I	F	Y	L	R	T	G	I	L
U	L	D	K	N	R	N	H	F	I	S	K	S	S
K	D	R	E	K	A	S	N	N	Ø	R	G	A	K
T	U	V	Q	S	C	K	J	H	O	Q	N	L	Z
M	N	X	D	V	S	E	X	C	E	R	G	A	P
K	D	C	B	N	T	L	A	S	P	L	R	T	X
Q	H	L	U	H	I	N	J	P	F	M	Y	O	L
M	I	D	D	A	G	E	K	R	Y	D	D	E	R
T	Q	O	M	C	T	R	F	I	C	Z	T	U	T

DRIKK
KAKE
STOL
DEILIG
MIDDAG
EGG
FISK
GAFFEL
FRUKT
IS
LUNSJ
NUDLER
SALAT
SALT
SUPPE
KRYDDER
SKJE
GRØNNSAKER
KELNER
VANN

26 - Geology

S	N	F	N	V	K	K	K	G	S	S	Y	R	E
J	R	W	Y	U	A	O	V	E	Å	T	A	L	P
A	D	H	S	L	L	R	A	Y	S	L	E	T	N
H	U	L	E	K	S	A	R	S	T	A	M	I	M
E	R	F	T	A	I	L	T	I	A	S	Y	G	N
Y	R	K	L	N	U	L	S	R	L	D	P	N	K
V	K	O	I	T	M	H	J	E	A	T	S	H	O
Z	N	N	S	I	Q	Y	O	S	K	X	R	D	N
S	N	A	S	J	U	P	E	U	T	L	Z	X	T
K	F	W	O	D	O	Y	M	L	I	A	L	N	I
Q	L	G	F	N	E	N	R	K	T	Z	T	I	N
A	L	A	T	S	Y	R	C	Y	T	X	V	S	E
J	I	L	V	L	E	J	K	S	D	R	O	J	N
D	R	E	L	A	R	E	N	I	M	N	D	W	T

SYRE
KALSIUM
HULE
KONTINENT
KORALL
CRYSTAL
SYKLUSER
JORDSKJELV
EROSJON
FOSSILT
GEYSIR
LAVA
LAG
MINERALER
PLATÅ
KVARTS
SALT
STALAKTITT
STEIN
VULKAN

27 - House

C	N	O	F	W	L	I	E	P	S	F	Q	F	G
G	L	Ø	R	A	O	P	B	D	I	G	V	A	A
B	A	J	K	I	F	I	R	L	V	G	M	T	R
I	P	R	C	L	T	N	P	N	I	L	U	W	D
B	D	Ø	A	T	E	Q	R	C	N	R	B	C	I
L	C	D	S	S	O	R	T	R	D	D	O	L	N
I	V	J	F	O	J	K	O	D	U	S	K	M	E
O	T	X	F	K	N	E	K	K	Ø	J	K	M	R
T	A	P	Q	M	F	E	M	K	G	S	B	W	C
E	K	Z	Z	P	D	Q	S	O	S	W	U	H	D
K	V	H	U	S	G	U	L	V	M	L	H	T	U
V	X	L	M	I	M	Ø	B	L	E	R	A	V	S
L	A	M	P	E	G	J	E	R	D	E	G	Z	J
V	E	G	G	P	Y	W	B	P	R	A	E	K	Z

LOFT
KOST
GARDINER
DØR
GJERDE
PEIS
GULV
MØBLER
GARASJE
HAGE
NØKLER
KJØKKEN
LAMPE
BIBLIOTEK
SPEIL
TAK
ROM
DUSJ
VEGG
VINDU

28 - Physics

P	F	O	R	M	E	L	P	X	S	M	L	C	E
K	A	O	J	C	F	W	N	I	N	A	M	U	S
J	Z	R	Æ	E	L	K	U	N	E	G	R	R	S
E	C	U	T	P	A	X	D	Z	V	N	T	R	A
M	B	A	Y	I	L	X	L	Y	K	E	L	O	M
I	B	V	T	S	K	L	W	D	E	T	U	T	E
S	S	A	G	O	R	K	E	Y	R	I	T	O	L
K	P	J	V	M	M	D	E	N	F	S	V	M	E
T	E	T	T	H	E	T	Z	L	A	M	I	G	K
Q	B	C	F	Z	O	U	K	E	F	E	D	Y	T
M	E	K	A	N	I	K	K	A	W	S	E	S	R
H	A	S	T	I	G	H	E	T	O	X	L	V	O
U	N	I	V	E	R	S	E	L	L	S	S	P	N
E	K	S	P	E	R	I	M	E	N	T	E	Z	J

ATOM
KAOS
KJEMISK
TETTHET
ELEKTRON
MOTOR
UTVIDELSE
EKSPERIMENT
FORMEL
FREKVENS
GASS
MAGNETISME
MASSE
MEKANIKK
MOLEKYL
NUKLEÆR
PARTIKKEL
UNIVERSELL
HASTIGHET

29 - Dance

K	R	E	O	B	M	A	S	K	A	Y	H	N	K
N	R	Y	I	F	A	R	G	O	E	R	O	K	L
R	K	O	T	S	N	U	K	X	O	B	P	C	A
Ø	U	E	P	M	G	I	V	K	F	G	P	B	S
V	L	M	T	P	E	E	D	H	U	I	E	V	S
I	T	L	I	O	Z	E	S	L	E	L	Ø	F	I
N	U	G	N	I	N	D	L	O	H	E	T	E	S
G	R	V	Z	Q	T	Å	I	C	D	D	G	U	K
P	E	X	B	U	Z	N	Q	H	J	E	T	V	R
D	L	L	A	K	A	D	E	M	I	L	I	V	E
P	L	V	V	I	S	U	E	L	L	G	P	Q	S
X	N	B	M	U	S	I	K	K	L	G	C	O	U
U	T	T	R	Y	K	K	S	F	U	L	L	J	V
T	R	A	D	I	S	J	O	N	E	L	L	K	I

AKADEMI
KUNST
KROPP
KOREOGRAFI
KLASSISK
KULTURELL
KULTUR
FØLELSE
UTTRYKKSFULL
NÅDE
GLEDELIG
HOPPE
MUSIKK
SAMBOER
HOLDNING
ØVING
RYTME
TRADISJONELL
VISUELL

30 - Shapes

Z	I	I	M	B	P	Z	R	H	Z	N	D	T	I
F	E	F	W	A	X	H	W	Z	J	R	F	J	Y
M	E	R	Æ	F	S	P	J	L	Q	Ø	U	A	T
A	L	O	B	R	E	P	Y	H	K	V	R	L	B
S	L	M	E	V	R	U	K	Q	P	K	Z	N	E
Y	I	A	M	V	E	D	I	M	A	R	Y	P	E
L	P	E	S	Z	K	B	G	A	P	U	R	U	D
I	S	B	I	G	T	W	U	B	D	H	Y	K	I
N	E	U	R	L	A	B	P	K	D	U	K	R	S
D	L	E	P	K	N	D	K	W	M	U	A	E	L
E	G	A	I	X	G	T	O	R	G	E	T	T	I
R	E	W	V	C	E	P	O	L	Y	G	O	N	N
F	J	L	L	O	L	E	K	R	I	S	N	A	J
X	K	J	P	T	R	E	K	A	N	T	I	K	E

BUE
SIRKEL
KJEGLE
HJØRNE
KUBE
KURVE
SYLINDER
KANTER
ELLIPSE
HYPERBOLA
LINJE
OVAL
POLYGON
PRISME
PYRAMIDE
REKTANGEL
SIDE
SFÆRE
TORGET
TREKANT

31 - Scientific Disciplines

B	L	B	H	E	C	Z	N	I	P	X	G	K	M
I	G	O	L	O	K	Ø	H	U	S	T	E	I	I
O	S	T	S	M	A	N	G	A	Y	E	O	N	N
K	O	A	N	M	X	I	Z	O	K	R	L	E	E
J	S	N	E	X	B	G	Z	C	O	M	O	S	R
E	I	I	G	O	L	O	I	B	L	O	G	I	A
M	O	K	M	P	K	L	M	A	O	D	I	O	L
I	L	K	G	E	M	O	O	J	G	Y	Z	L	O
X	O	V	J	K	J	E	T	L	I	N	O	O	G
Q	G	Y	G	S	K	K	A	M	B	A	O	G	I
V	I	R	H	V	R	R	N	B	W	M	L	I	S
F	N	E	R	S	D	A	A	M	B	I	O	A	T
I	M	M	U	N	O	L	O	G	I	K	G	Q	T
M	E	K	A	N	I	K	K	R	J	K	I	G	Q

ANATOMI
ARKEOLOGI
BIOKJEMI
BIOLOGI
BOTANIKK
KJEMI
ØKOLOGI
GEOLOGI
IMMUNOLOGI
KINESIOLOGI
MEKANIKK
MINERALOGI
PSYKOLOGI
SOSIOLOGI
TERMODYNAMIKK
ZOOLOGI

32 - Science

U	Q	K	J	E	M	I	S	K	K	I	S	Y	F
P	F	F	W	M	C	E	P	L	A	N	T	E	R
T	F	A	R	K	E	D	G	N	Y	T	V	Y	Z
W	Y	K	M	E	T	O	D	E	Y	G	X	N	G
R	H	T	N	E	M	I	R	E	P	S	K	E	R
H	Z	U	D	F	Q	Z	U	F	R	N	B	F	E
F	Y	M	U	I	R	O	T	A	R	O	B	A	L
O	S	P	D	A	T	A	A	M	E	J	A	F	Y
S	L	Y	O	G	D	D	N	I	B	S	T	O	K
S	R	R	C	T	M	F	L	L	V	U	O	R	E
I	V	X	U	V	E	S	B	K	D	L	M	S	L
L	Z	M	O	U	C	S	M	R	L	O	G	K	O
T	Q	S	L	F	L	P	E	I	G	V	P	E	M
X	M	I	N	E	R	A	L	E	R	E	C	R	Z

ATOM
KJEMISK
KLIMA
DATA
EVOLUSJON
EKSPERIMENT
FAKTUM
FOSSILT
TYNGDEKRAFT
HYPOTESE
LABORATORIUM
METODE
MINERALER
MOLEKYLER
NATUR
FYSIKK
PLANTER
FORSKER

33 - Beauty

Q	H	Y	I	H	T	L	K	S	K	D	T	R	L
Q	D	W	A	J	P	K	C	O	O	J	O	E	E
O	P	M	A	J	S	K	A	S	S	K	Q	T	P
E	L	I	E	P	S	I	R	N	M	G	V	K	P
K	T	J	A	G	B	D	A	V	E	A	O	U	E
N	R	J	E	D	Å	N	C	D	T	F	U	D	S
I	F	Ø	E	R	L	X	S	V	I	C	K	O	T
M	X	T	L	N	U	B	A	K	K	P	K	R	I
S	Z	Q	D	L	E	T	M	Q	K	G	I	P	F
R	W	A	T	B	E	S	N	A	G	E	L	E	T
H	U	D	R	K	V	R	T	N	A	G	E	L	E
S	T	Y	L	I	S	T	Y	E	F	R	O	H	M
H	E	B	V	T	R	O	Y	M	R	A	J	S	W
T	H	M	T	N	E	G	O	T	O	F	I	K	D

SJARM
FARGE
KOSMETIKK
KRØLLER
ELEGANSE
ELEGANT
DUFT
NÅDE
LEPPESTIFT
SMINKE
MASCARA
SPEIL
OLJER
FOTOGEN
PRODUKTER
SAKS
TJENESTER
SJAMPO
HUD
STYLIST

34 - Clothes

H	A	N	S	K	E	R	L	F	Q	T	T	Y	S
S	J	S	P	D	N	Å	B	M	R	A	V	Z	P
S	K	J	E	R	F	A	N	F	W	A	U	J	B
B	L	U	S	E	R	P	E	L	O	J	K	E	U
S	R	B	F	R	D	B	T	S	W	R	H	K	K
M	S	G	K	H	U	R	R	K	O	W	K	X	S
H	A	T	T	V	P	R	O	J	E	K	W	L	E
J	M	B	E	L	T	E	J	Ø	A	C	J	M	E
A	A	B	T	V	Z	L	K	R	J	E	A	N	S
K	J	R	O	S	K	A	S	T	E	S	K	O	T
K	Y	G	M	R	H	D	S	M	Y	K	K	E	R
E	P	N	A	X	J	N	K	K	J	X	Q	M	Z
M	J	Q	C	A	W	A	H	H	B	P	B	C	A
Y	D	Q	Y	R	E	S	N	E	G	W	C	L	A

FORKLE
BELTE
BLUSE
ARMBÅND
FRAKK
KJOLE
MOTE
HANSKER
HATT
JAKKE

JEANS
SMYKKER
PYJAMAS
BUKSE
SANDALER
SKJERF
SKJORTE
SKO
SKJØRT
GENSER

35 - Astronomy

G	K	R	B	I	E	L	L	M	R	Y	C	A	S
F	U	O	T	E	N	A	L	P	Å	J	V	S	T
C	D	E	S	M	Q	C	C	U	C	N	G	T	J
S	P	T	S	M	S	U	S	W	I	U	E	E	E
A	H	E	U	O	O	L	I	U	S	K	F	R	R
T	I	M	P	N	S	S	M	N	B	I	I	O	N
E	M	A	E	O	T	D	W	T	O	E	G	I	E
L	M	Y	R	R	R	M	L	B	N	X	X	D	T
L	E	G	N	T	Å	N	E	O	N	Y	P	E	Å
I	L	K	O	S	L	J	G	A	L	A	X	Y	K
T	I	F	V	A	I	O	E	D	Q	Y	T	O	E
T	S	I	A	H	N	R	D	T	G	C	O	M	B
A	A	D	C	X	G	D	P	U	Q	C	N	N	P
R	A	K	E	T	T	U	A	N	O	R	T	S	A

ASTEROIDE
ASTRONAUT
ASTRONOM
KOSMOS
JORD
EQUINOX
GALAXY
METEOR
MÅNE
STJERNETÅKE
PLANET
STRÅLING
RAKETT
SATELLITT
HIMMEL
SUPERNOVA

36 - Health and Wellness #2

B	U	A	F	Z	X	L	N	L	A	Z	C	N	E
V	L	N	Y	G	N	I	R	Æ	N	R	E	X	N
U	B	O	T	E	F	N	M	G	A	Ø	Q	L	E
P	P	J	D	U	O	P	U	G	T	M	N	X	R
O	T	S	U	H	E	K	Y	S	O	U	N	F	G
A	K	K	I	T	E	N	E	G	M	H	D	M	I
P	E	E	S	T	R	E	S	S	I	D	Q	A	G
T	V	F	H	Y	G	I	E	N	E	T	J	S	R
P	T	N	N	H	N	V	S	Z	L	T	V	S	E
T	T	I	T	E	P	P	A	Y	O	E	F	A	L
K	A	L	O	R	I	F	K	W	K	I	Q	S	L
V	I	T	A	M	I	N	G	M	L	D	I	J	A
D	E	H	Y	D	R	E	R	I	N	G	O	E	X
K	C	F	P	B	J	E	X	E	N	F	N	M	H

ALLERGI
ANATOMI
APPETITT
BLOD
KALORI
DEHYDRERING
DIETT
SYKDOM
ENERGI
GENETIKK
SUNN
SYKEHUS
HYGIENE
INFEKSJON
MASSASJE
HUMØR
ERNÆRING
STRESS
VITAMIN
VEKT

37 - Time

R	E	Y	S	M	W	H	Z	K	C	K	D	P	J
X	J	P	N	N	O	T	M	M	I	U	A	X	A
T	I	D	L	I	G	R	Å	Y	D	F	G	Å	G
T	T	U	N	I	M	A	G	I	A	R	I	R	U
A	I	U	E	I	Z	N	C	E	G	E	L	H	B
N	M	Å	H	U	A	S	A	K	N	M	R	U	X
F	Ø	R	R	I	O	X	L	K	Z	T	Å	N	A
B	Y	J	E	X	N	T	Y	O	J	I	D	D	X
I	G	N	D	E	N	Å	M	L	R	D	R	R	C
U	U	O	N	Z	P	J	B	K	H	G	K	E	M
P	K	H	E	V	S	Q	M	T	Y	O	P	M	Z
Y	Q	E	L	A	T	H	I	G	P	P	B	I	S
H	Q	W	A	V	B	L	C	A	P	N	Q	T	K
J	P	F	K	M	I	D	D	A	G	S	T	I	D

ÅRLIG
FØR
KALENDER
ÅRHUNDRE
KLOKKE
DAG
TIÅR
TIDLIG
FREMTID
TIME

MINUTT
MÅNED
MORGEN
NATT
MIDDAGSTID
NÅ
SNART
I DAG
UKE
ÅR

38 - Buildings

S	O	B	S	E	R	V	A	T	O	R	I	U	M
H	U	W	L	D	I	O	U	H	R	O	G	E	T
B	M	P	L	I	Q	E	O	Z	X	P	Y	G	Å
M	N	S	E	D	N	Z	T	E	A	T	E	R	R
A	P	J	T	R	G	K	U	X	L	J	S	E	N
L	M	B	O	A	M	Q	N	T	T	L	Y	B	D
Å	O	B	H	R	D	A	H	O	N	I	K	R	M
V	E	B	A	K	K	I	R	B	A	F	E	E	U
E	C	S	E	S	E	L	O	K	S	X	H	H	S
S	L	O	T	T	S	A	B	N	E	E	U	H	E
U	K	G	T	H	V	A	E	G	W	D	S	Y	U
K	N	T	E	L	T	W	D	H	K	H	H	T	M
A	Q	F	Q	M	J	T	Y	E	X	M	B	T	B
L	E	I	L	I	G	H	E	T	U	S	H	E	A

LEILIGHET
LÅVE
HYTTE
SLOTT
KINO
AMBASSADE
FABRIKK
SYKEHUS
HERBERGE
HOTELL
MUSEUM
OBSERVATORIUM
SKOLE
STADION
SUPERMARKED
TELT
TEATER
TÅRN

39 - Philanthropy

M	J	S	A	M	F	U	N	N	E	T	F	A	K
M	B	X	N	I	A	X	D	O	N	E	R	E	O
Y	K	U	G	Y	H	Z	O	X	R	Y	T	A	N
T	E	H	E	K	S	E	N	N	E	M	P	A	T
G	R	E	G	N	I	R	D	R	O	F	T	U	A
R	E	E	A	G	S	H	F	O	L	K	E	U	K
U	L	Y	N	R	A	B	I	J	S	U	H	N	T
P	D	V	O	G	V	K	M	S	C	T	G	G	E
P	I	C	J	Q	E	D	O	Å	T	S	I	D	R
E	M	H	S	N	A	N	I	F	L	O	L	O	F
R	N	G	I	L	T	N	E	F	F	O	R	M	D
P	R	E	M	M	A	R	G	O	R	P	Æ	I	V
V	E	L	D	E	D	I	G	H	E	T	E	R	E
G	A	V	M	I	L	D	H	E	T	J	H	W	D

UTFORDRINGER
VELDEDIGHET
BARN
SAMFUNNET
KONTAKTER
DONERE
FINANS
MIDLER
GAVMILDHET
MÅL
GRUPPER
HISTORIE
ÆRLIGHET
MENNESKEHET
MISJON
TRENGE
FOLK
PROGRAMMER
OFFENTLIG
UNGDOM

40 - Gardening

S	E	S	O	N	G	M	E	S	S	I	G	W	B
B	G	J	F	F	K	R	E	V	V	Ø	L	G	L
I	A	T	O	U	X	L	A	E	V	N	F	U	O
B	H	Y	J	R	K	T	I	F	N	H	I	M	M
L	T	R	A	K	D	T	R	M	D	G	A	P	S
A	K	O	A	S	C	E	I	E	A	N	Q	N	T
D	U	C	I	I	T	K	M	G	W	K	Z	R	E
Y	R	J	F	N	W	U	L	I	H	S	Y	E	R
K	F	I	G	A	D	B	S	L	F	E	M	D	A
V	S	K	I	T	T	F	R	E	C	S	T	L	K
V	A	N	N	O	G	R	T	S	O	P	M	O	K
T	L	J	Q	B	P	Ø	A	I	P	L	U	H	D
B	L	O	M	S	T	R	E	P	F	P	S	E	M
H	Q	S	E	G	N	A	L	S	J	H	H	B	L

BLOMSTRE
BOTANISK
BUKETT
KLIMA
KOMPOST
BEHOLDER
SKITT
SPISELIG
BLOMSTER
LØVVERK
SLANGE
BLAD
FUKTIGHET
FRUKTHAGE
SESONGMESSIG
FRØ
JORD
ART
VANN

41 - Herbalism

S	S	A	R	O	M	A	T	I	S	K	X	V	V
N	A	M	I	C	E	G	V	S	W	G	U	T	H
E	H	F	A	Y	W	Z	P	P	M	Y	Z	X	W
I	V	Z	R	K	E	G	A	H	K	O	T	N	X
D	I	S	E	A	T	P	E	R	S	I	L	L	E
E	T	Y	N	P	N	N	Ø	R	G	A	R	B	V
R	L	C	I	T	Y	P	L	A	N	T	E	T	Y
G	Ø	K	R	O	M	M	A	R	J	O	R	A	M
N	K	L	A	V	E	N	D	E	L	G	G	J	W
I	Z	X	M	G	U	N	S	T	I	G	F	R	L
H	O	U	S	K	U	L	I	N	A	R	I	S	K
D	E	V	O	Z	O	R	E	G	A	N	O	E	I
K	X	P	R	Y	F	E	N	N	I	K	E	L	Z
B	A	S	I	L	I	K	U	M	I	K	U	B	M

AROMATISK
BASILIKUM
GUNSTIG
KULINARISK
FENNIKEL
SMAK
BLOMST
HAGE
HVITLØK
GRØNN
INGREDIENS
LAVENDEL
MARJORAM
MYNTE
OREGANO
PERSILLE
PLANTE
ROSMARIN
SAFRAN

42 - Vehicles

N	I	P	K	Z	X	T	B	Z	E	S	O	T	B
O	J	T	H	L	L	O	E	I	K	Y	L	F	D
D	W	Å	G	X	Y	G	N	P	L	K	C	F	I
A	M	B	U	L	A	N	S	E	Q	K	O	Y	X
H	L	S	L	B	I	F	E	J	F	E	Z	V	T
E	A	N	R	O	T	K	A	R	T	L	C	Z	E
L	S	N	A	E	U	V	F	E	P	K	Y	Z	B
I	T	A	K	T	T	T	H	F	D	W	E	H	U
K	E	V	E	Å	Å	O	O	L	L	P	T	Y	S
O	B	R	T	L	B	N	O	M	O	T	O	R	S
P	I	E	T	F	Q	D	J	C	I	Y	H	K	A
T	L	D	R	F	P	E	Q	V	S	W	L	F	I
E	B	N	M	K	A	K	U	O	G	I	O	Z	I
R	H	U	Z	M	Y	K	T	A	X	I	A	G	S

FLY
AMBULANSE
SYKKEL
BÅT
BUSS
BIL
FERJE
HELIKOPTER
MOTOR
FLÅTE
RAKETT
SCOOTER
UNDERVANNSBÅT
TAXI
DEKK
TRAKTOR
TOG
LASTEBIL

43 - Flowers

T	S	M	O	L	B	S	N	O	J	S	A	P	R
X	F	O	D	A	L	B	N	O	R	K	L	P	E
T	U	S	E	N	F	R	Y	D	W	K	L	Y	K
H	E	U	M	L	A	V	M	C	T	A	I	L	D
I	L	P	P	Ø	G	P	L	I	C	E	L	D	S
B	A	Å	L	V	A	I	L	O	N	G	A	M	É
I	V	S	U	E	R	S	N	V	K	U	R	B	N
S	E	K	M	T	D	P	O	M	K	Q	E	U	D
K	N	E	E	A	E	E	E	L	Y	W	V	K	M
U	D	L	R	N	N	N	P	K	S	K	Ø	E	D
S	E	I	I	N	I	N	Q	A	V	I	L	T	V
Y	L	L	A	R	A	L	I	L	J	E	K	T	H
X	E	J	Y	S	J	A	S	M	I	N	W	K	J
Z	E	E	X	Y	M	T	U	L	I	P	A	N	E

BUKETT
KLØVER
PÅSKELILJE
TUSENFRYD
LØVETANN
GARDENIA
HIBISKUS
SJASMIN
LAVENDEL
LILLA
LILJE
MAGNOLIA
ORKIDÉ
PASJONSBLOMST
PEON
KRONBLAD
PLUMERIA
VALMUE
SOLSIKKE
TULIPAN

44 - Health and Wellness #1

M	T	L	U	S	E	R	L	K	I	T	R	H	A
J	L	W	E	M	I	E	M	H	M	Q	S	O	V
N	M	U	C	G	R	F	V	S	D	N	K	R	S
Y	D	O	V	G	E	L	Q	U	M	L	S	M	L
M	B	E	I	N	T	E	C	L	W	M	O	O	A
U	I	C	T	P	K	K	I	N	I	L	K	N	P
S	D	F	K	T	A	S	U	R	I	V	X	E	N
K	H	J	A	Y	B	R	H	V	Z	A	N	R	I
L	J	G	P	Q	J	C	E	Ø	V	A	N	E	N
E	M	E	D	I	S	I	N	T	Y	A	P	V	G
R	S	O	D	U	H	N	U	E	A	D	B	R	X
A	E	S	U	T	F	L	A	B	W	G	E	E	R
F	K	B	R	B	E	H	A	N	D	L	I	N	G
D	H	Q	B	A	P	O	T	E	K	G	H	C	C

AKTIV
BAKTERIE
BEIN
KLINIKK
LEGE
BRUDD
VANE
HØYDE
HORMONER
SULT
MEDISIN
MUSKLER
NERVER
APOTEK
REFLEKS
AVSLAPNING
HUD
TERAPI
BEHANDLING
VIRUS

45 - Town

S	D	Y	R	E	H	A	G	E	A	S	K	B	S
U	K	H	Y	V	V	É	J	W	H	R	K	I	T
P	Z	M	O	T	L	F	L	C	T	I	W	B	A
E	C	Z	L	T	X	A	M	J	E	M	K	L	D
R	F	T	E	A	E	K	K	I	T	U	B	I	I
M	L	X	D	S	A	L	N	T	I	S	J	O	O
A	Y	O	N	I	K	Y	L	E	S	E	T	T	N
R	P	B	A	K	E	R	I	A	R	U	G	E	N
K	L	Z	H	N	L	G	B	T	E	M	A	K	U
E	A	F	K	A	O	A	D	E	V	Z	L	E	L
D	S	G	O	B	K	X	H	R	I	C	L	T	C
C	S	S	B	L	S	M	A	K	N	B	E	O	J
D	E	K	R	A	M	M	J	T	U	I	R	P	X
G	N	K	L	I	N	I	K	K	H	K	I	A	C

FLYPLASSEN
BAKERI
BANK
BOKHANDEL
KAFÉ
KINO
KLINIKK
GALLERI
HOTELL
BIBLIOTEK
MARKED
MUSEUM
APOTEK
SKOLE
STADION
BUTIKK
SUPERMARKED
TEATER
UNIVERSITET
DYREHAGE

46 - Antarctica

V	V	K	J	F	X	Ø	J	S	A	O	E	N	V
S	I	Z	B	H	H	Y	Ø	K	T	X	F	D	I
T	F	T	K	U	B	E	J	Y	I	R	R	K	K
E	A	N	E	K	P	R	L	E	N	W	T	G	M
I	R	E	F	N	G	N	I	R	A	V	E	B	L
N	G	N	U	H	S	B	M	Y	D	O	G	Q	Q
E	O	I	G	O	J	K	C	Q	X	F	I	M	K
T	E	T	L	R	U	T	A	R	E	P	M	E	T
E	G	N	E	E	P	U	H	P	V	W	P	F	C
Y	F	O	R	K	T	A	H	A	E	A	C	Z	O
F	G	K	F	S	X	M	Q	W	L	L	N	J	O
K	M	I	G	R	A	S	J	O	N	V	I	N	U
I	Y	N	V	O	F	I	H	V	K	Z	Ø	G	J
S	B	M	P	F	I	S	B	R	E	E	R	Y	X

BUKT
FUGLER
SKYER
BEVARING
KONTINENT
VIK
MILJØ
GEOGRAFI
ISBREER
IS
ØYER
MIGRASJON
HALVØY
FORSKER
STEINETE
VITENSKAPELIG
TEMPERATUR
VANN

47 - Ballet

P	L	E	O	D	O	R	L	L	Q	R	T	P	B
S	Ø	I	S	A	R	G	Z	K	F	T	V	R	A
I	G	A	T	N	M	X	J	L	P	E	T	A	L
R	B	W	W	S	O	U	T	M	N	T	E	K	L
G	C	P	O	E	R	T	S	U	Q	I	H	S	E
E	E	W	E	R	K	E	I	K	E	S	G	I	R
D	M	S	H	E	E	K	N	I	L	N	I	S	I
G	T	U	T	G	S	N	O	L	R	E	D	D	N
F	Y	I	F	Z	T	I	P	B	S	T	R	R	A
P	R	I	V	I	E	K	M	U	S	N	E	U	N
E	X	S	U	O	R	K	O	P	K	I	F	G	M
I	R	E	N	O	J	S	K	E	L	S	Q	W	Q
A	P	P	L	A	U	S	M	U	S	I	K	K	N
K	O	R	E	O	G	R	A	F	I	B	L	W	C

APPLAUS
PUBLIKUM
BALLERINA
KOREOGRAFI
KOMPONIST
DANSERE
GEST
GRASIØS
INTENSITET
LEKSJONER
MUSKLER
MUSIKK
ORKESTER
PRAKSIS
RYTME
FERDIGHET
STIL
TEKNIKK

48 - Fashion

K	M	O	T	R	K	L	Æ	R	R	L	B	Q	S
B	O	O	R	E	T	S	N	Ø	M	F	O	O	T
E	T	M	E	D	K	P	M	W	W	M	U	R	O
S	R	A	F	N	E	S	T	I	P	B	T	I	F
K	E	B	K	O	N	S	T	T	D	R	I	G	F
J	N	R	N	L	R	Q	T	U	Y	O	Q	I	D
E	D	T	A	B	E	T	A	I	R	D	U	N	H
D	P	P	P	R	D	L	A	T	L	E	E	A	B
E	A	K	P	N	O	Y	Z	B	D	R	J	L	U
N	Q	R	E	L	M	C	C	D	E	I	Z	A	K
P	E	I	R	B	R	E	G	N	I	L	Å	M	D
D	Y	R	T	P	R	A	K	T	I	S	K	R	Q
E	L	E	G	A	N	T	R	I	M	E	L	I	G
M	I	N	I	M	A	L	I	S	T	I	S	K	Z

RIMELIG
BOUTIQUE
KNAPPER
KLÆR
KOMFORTABEL
ELEGANT
BRODERI
DYRT
STOFF
BLONDER

MÅLINGER
MINIMALISTISK
MODERNE
BESKJEDEN
ORIGINAL
MØNSTER
PRAKTISK
STIL
TEKSTUR
TREND

49 - Human Body

L	S	J	Y	B	L	O	D	L	O	S	J	H	A
T	K	I	S	N	A	T	S	E	E	F	B	Å	L
L	U	F	I	N	G	E	R	K	M	P	Z	N	B
S	L	A	H	U	V	O	Z	N	N	A	P	D	U
D	D	U	H	M	S	B	V	A	E	X	W	E	E
T	E	V	E	J	K	L	O	M	S	S	N	V	R
T	R	D	Z	W	S	D	A	K	E	Z	I	S	O
Z	Q	O	O	R	V	Ø	R	E	G	H	L	H	K
X	V	N	D	H	U	Y	U	T	Q	H	H	D	V
G	H	J	E	R	N	E	S	O	M	G	A	L	B
Q	K	N	A	Z	I	E	K	C	L	R	M	K	Y
X	Q	T	E	U	E	L	A	U	E	P	Q	M	E
K	V	U	R	I	B	U	X	A	Y	Z	F	A	D
V	G	H	J	E	R	T	E	K	N	E	P	O	S

ANKEL
BLOD
HJERNE
HAKE
ØRE
ALBUE
ANSIKT
FINGER
HÅND
HODE
HJERTE
KJEVE
KNE
BEIN
LEPPER
MUNN
HALS
NESE
SKULDER
HUD

50 - Musical Instruments

F	G	K	W	L	N	B	S	K	G	T	I	S	S
M	N	T	H	N	W	V	M	L	J	R	T	A	T
O	A	N	I	L	O	D	N	A	M	O	R	K	R
U	F	R	N	G	O	N	G	R	Y	M	O	S	O
I	I	A	I	S	B	A	H	I	S	M	M	O	M
P	O	T	R	M	O	E	F	N	L	E	B	F	P
E	L	I	U	P	B	X	I	E	Y	S	O	O	E
R	I	G	B	U	I	A	G	T	B	T	N	N	T
K	N	U	M	P	N	A	Q	T	A	I	E	A	T
U	D	B	A	F	A	O	N	Q	N	K	L	O	O
S	K	E	T	Y	Ø	L	F	O	J	K	M	C	G
J	Y	Y	N	E	N	L	U	M	O	E	H	W	A
O	V	J	R	Z	J	E	C	E	P	R	A	H	F
N	R	D	P	K	L	C	T	R	O	M	M	E	B

BANJO
FAGOTT
CELLO
KLARINETT
TROMME
TROMMESTIKKER
FLØYTE
GONG
GITAR
HARPE
MANDOLIN
MARIMBA
OBO
PERKUSJON
PIANO
SAKSOFON
TAMBURIN
TROMBONE
TROMPET
FIOLIN

51 - Fruit

P	G	R	E	D	E	B	A	F	S	Z	Z	A	R
F	M	E	L	O	N	Æ	V	G	I	M	A	B	Æ
F	E	W	B	U	U	R	O	V	T	X	P	A	B
Z	L	R	Z	S	R	D	K	N	R	S	R	D	E
D	P	Y	S	F	Æ	T	A	L	O	Q	I	J	G
I	E	V	A	K	B	T	D	Q	N	L	K	J	N
B	G	Q	N	R	E	Ø	O	E	G	Z	O	S	I
K	R	V	A	D	S	N	X	G	L	V	S	S	R
F	G	G	N	R	R	S	H	Q	N	A	N	A	B
O	I	U	A	U	I	O	B	K	R	A	I	G	J
F	I	G	A	E	K	K	P	Æ	R	E	M	R	X
R	W	Y	Y	V	I	O	W	P	A	P	A	Y	A
H	I	D	I	D	A	K	O	V	F	J	H	K	P
X	K	N	E	K	T	A	R	I	N	W	R	M	V

EPLE
APRIKOS
AVOKADO
BANAN
BÆR
KIRSEBÆR
KOKOSNØTT
FIG
DRUE
GUAVA
KIWI
SITRON
MANGO
MELON
NEKTARIN
PAPAYA
FERSKEN
PÆRE
ANANAS
BRINGEBÆR

52 - Engineering

D	I	S	T	R	I	B	U	S	J	O	N	Q	I
S	Q	B	T	F	I	R	D	M	E	R	F	J	R
S	T	R	U	K	T	U	R	W	A	S	A	V	W
M	G	K	Z	Y	F	N	J	L	U	S	L	F	Y
D	I	M	E	N	S	J	O	N	E	R	K	F	B
Y	Y	R	E	S	K	A	A	X	K	K	N	I	E
C	S	O	L	U	D	R	U	D	S	S	N	O	N
R	E	T	E	M	A	I	D	P	Æ	Y	H	I	D
E	D	O	Y	Y	D	X	Z	S	V	N	H	G	V
K	P	M	A	R	G	A	I	D	M	C	S	R	D
A	U	Å	M	W	K	D	I	E	S	E	L	E	Y
P	W	L	L	W	B	E	B	W	O	L	B	N	B
S	T	A	B	I	L	I	T	E	T	D	D	E	D
B	E	R	E	G	N	I	N	G	T	K	J	T	E

VINKEL
AKSER
BEREGNING
DYBDE
DIAGRAM
DIAMETER
DIESEL
DIMENSJONER
DISTRIBUSJON
ENERGI
SPAKER
VÆSKE
MASKIN
MÅL
MOTOR
FREMDRIFT
STABILITET
STYRKE
STRUKTUR

53 - Kitchen

A	A	T	H	J	L	D	J	E	T	L	Q	W	Y
M	X	D	F	H	M	K	N	I	F	S	J	L	S
S	R	K	F	O	R	K	L	E	I	W	S	B	P
T	O	G	R	E	S	Y	R	F	R	I	K	O	I
O	C	R	T	Y	R	E	E	J	K	S	S	L	S
G	N	B	V	H	D	W	A	Y	S	G	F	L	E
Z	A	Y	N	W	W	D	S	M	P	Q	R	E	P
P	Q	F	C	E	S	R	E	P	P	O	K	L	I
E	T	Z	L	R	Q	J	F	R	O	B	T	E	N
P	A	K	S	E	L	Ø	J	K	E	N	D	J	N
M	A	T	X	X	R	G	E	B	G	V	F	K	E
A	S	E	R	V	I	E	T	T	G	O	I	J	R
V	Ø	S	E	K	K	U	R	K	U	J	V	N	Y
S	G	R	I	L	L	E	A	O	M	U	O	R	K

FORKLE
BOLLE
SPISEPINNER
KOPPER
MAT
GAFLER
FRYSER
GRILLE
KRUKKE
MUGGE
KJELE
KNIVER
ØSE
SERVIETT
OVN
OPPSKRIFT
KJØLESKAP
KRYDDER
SVAMP
SKJEER

54 - Government

N	O	A	D	B	W	P	U	F	Q	S	T	J	R
D	A	M	U	R	C	Z	A	R	H	Y	O	U	E
Y	L	S	Z	Q	G	K	V	I	G	M	S	N	T
S	Y	F	J	D	S	K	H	H	D	B	D	F	T
G	I	L	V	O	L	I	E	E	L	O	E	T	F
M	V	P	L	S	N	T	N	T	O	L	M	K	E
J	O	N	K	T	M	I	G	U	V	G	O	D	R
G	L	N	Q	A	S	L	I	V	I	S	K	I	D
Z	N	Z	U	T	H	O	G	Q	Y	U	R	S	I
A	N	B	Z	M	Q	P	H	F	E	L	A	T	G
T	U	I	F	R	E	D	E	L	U	A	T	R	H
D	R	C	W	J	I	N	T	P	X	P	I	I	E
G	G	X	G	I	L	S	T	T	E	R	G	K	T
D	I	S	K	U	S	J	O	N	U	P	E	T	H

SIVIL
GRUNNLOV
DEMOKRATI
DISKUSJON
DISTRIKT
UAVHENGIGHET
RETTSLIG
RETTFERDIGHET
LOV
LEDER
LOVLIG
FRIHET
MONUMENT
NASJON
POLITIKK
TALE
STAT
SYMBOL

55 - Art Supplies

Q	P	N	M	N	M	K	I	D	E	E	R	V	P
I	M	P	A	Y	U	P	L	D	C	H	T	I	A
V	Z	W	V	G	G	T	S	O	D	R	L	S	P
W	A	G	U	P	O	L	U	T	R	I	E	K	I
T	L	N	K	U	L	L	X	O	O	D	I	E	R
C	R	I	N	W	K	K	E	L	B	L	R	L	V
T	G	L	Y	R	K	A	O	O	R	Y	E	Æ	U
I	G	A	A	M	S	B	M	X	Z	V	L	R	Q
T	G	M	Z	L	N	T	L	E	J	L	O	E	A
F	A	R	G	E	R	E	T	S	R	Ø	B	F	D
S	T	A	F	F	E	L	I	Z	Q	A	L	I	M
H	A	K	R	E	A	T	I	V	I	T	E	T	A
B	L	Y	A	N	T	E	R	P	A	G	W	W	V
A	A	K	V	A	R	E	L	L	E	R	E	M	L

AKRYL
BØRSTER
KAMERA
STOL
KULL
LEIRE
FARGER
KREATIVITET
STAFFELI
VISKELÆR
LIM
IDEER
BLEKK
OLJE
MALING
PAPIR
BLYANTER
BORD
VANN
AKVARELLER

56 - Science Fiction

A	W	B	D	E	K	S	P	L	O	S	J	O	N
T	I	Ø	U	Y	N	D	F	K	K	U	N	T	E
O	V	K	Y	R	S	U	T	O	P	I	W	E	D
M	P	E	C	K	O	T	E	N	A	L	P	K	R
T	L	R	D	R	V	B	O	Q	A	P	M	N	E
L	Y	O	I	B	U	J	O	P	M	R	E	O	V
I	L	L	U	S	J	O	N	T	I	L	R	L	O
B	G	A	L	A	X	Y	R	T	E	P	T	O	A
N	N	A	R	B	G	B	E	J	N	R	S	G	V
N	X	Z	Z	W	I	B	T	H	Z	E	K	I	C
I	H	W	R	E	I	L	A	K	I	M	E	J	K
O	R	A	K	E	L	Y	K	S	I	T	S	Y	M
F	A	N	T	A	S	T	I	S	K	N	Z	L	N
F	U	T	U	R	I	S	T	I	S	K	O	X	P

ATOM
BØKER
KJEMIKALIER
KINO
DYSTOPI
EKSPLOSJON
EKSTREM
FANTASTISK
BRANN
FUTURISTISK

GALAXY
ILLUSJON
INNBILT
MYSTISK
ORAKEL
PLANET
ROBOTER
TEKNOLOGI
UTOPI
VERDEN

57 - Geometry

D	L	S	S	L	T	P	T	L	T	F	N	G	F
I	Q	D	I	F	R	N	D	E	D	Y	Ø	H	L
A	K	A	R	B	E	U	G	K	O	O	M	F	A
M	U	R	K	T	K	M	O	N	R	R	K	L	T
E	R	J	E	E	A	M	V	I	F	L	I	O	E
T	V	G	L	T	N	E	C	V	M	I	R	G	D
E	E	N	V	N	T	R	V	A	A	G	T	I	I
R	A	I	M	E	D	I	A	N	S	N	E	K	M
O	S	N	T	M	S	M	B	M	S	I	M	K	E
B	F	G	D	G	V	O	E	A	E	N	M	B	N
U	Z	E	T	E	P	Y	Q	N	P	G	Y	Z	S
H	F	R	B	S	L	S	J	R	O	Y	S	G	J
L	L	E	L	L	A	R	A	P	E	G	V	Z	O
H	W	B	H	O	R	I	S	O	N	T	A	L	N

VINKEL
BEREGNING
SIRKEL
KURVE
DIAMETER
DIMENSJON
LIGNING
HØYDE
HORISONTAL
LOGIKK
MASSE
MEDIAN
NUMMER
PARALLELL
ANDEL
SEGMENTET
FLATE
SYMMETRI
TEORI
TREKANT

58 - Creativity

F	Z	F	O	P	P	F	I	N	N	S	O	M	A
E	S	F	Ø	I	N	T	U	I	S	J	O	N	K
R	H	Z	K	L	I	N	N	T	R	Y	K	K	U
D	O	A	L	R	E	N	O	J	S	I	V	M	N
I	U	I	A	K	S	L	X	D	X	C	B	H	S
G	S	N	R	S	L	U	S	H	R	S	Y	P	T
H	P	T	H	I	E	N	E	E	D	L	I	B	N
E	O	E	E	T	L	F	Z	I	R	S	V	R	E
T	N	N	T	A	Ø	E	L	A	Z	W	S	N	R
Z	T	S	M	M	F	S	L	Y	Y	B	J	R	I
B	A	I	S	A	T	N	A	F	T	F	J	H	S
K	N	T	N	R	Z	P	I	D	E	E	R	S	K
A	B	E	P	D	U	T	T	R	Y	K	K	F	L
P	B	T	E	T	I	S	I	T	N	E	T	U	A

KUNSTNERISK
AUTENTISITET
KLARHET
DRAMATISK
FØLELSER
UTTRYKK
FLYT
IDEER
BILDE
FANTASI
INNTRYKK
INTENSITET
INTUISJON
OPPFINNSOM
FØLELSE
FERDIGHET
SPONTAN
VISJONER

59 - Airplanes

K	O	N	S	T	R	U	K	S	J	O	N	M	R
R	Y	T	N	E	V	E	I	R	O	T	S	I	H
L	E	M	A	N	N	S	K	A	P	B	J	G	O
P	A	T	F	U	L	E	S	N	E	R	B	T	J
H	R	N	N	E	G	O	R	D	Y	H	A	M	V
Ø	M	O	D	I	T	V	Q	B	E	N	N	C	A
Y	O	D	P	I	N	H	D	T	D	T	B	Z	T
D	T	E	P	E	N	G	N	O	L	L	A	B	M
E	O	S	D	L	L	G	B	L	X	C	R	S	O
S	R	I	S	T	E	L	I	I	G	G	U	W	S
M	W	G	U	Q	M	E	E	P	G	H	S	E	F
N	T	N	M	G	M	K	J	R	N	A	Y	T	Æ
E	H	T	G	N	I	N	M	A	T	S	V	A	R
I	A	U	S	F	H	P	S	K	W	Z	D	D	E

EVENTYR
LUFT
ATMOSFÆRE
BALLONG
KONSTRUKSJON
MANNSKAP
AVSTAMNING
DESIGN
RETNING
MOTOR
BRENSEL
HØYDE
HISTORIE
HYDROGEN
LANDING
PILOT
PROPELLER
HIMMEL

60 - Ocean

A	T	K	M	R	P	R	T	I	W	V	Y	R	B
C	I	O	B	L	A	Q	Y	O	G	V	S	O	Q
Q	A	R	D	T	O	C	K	O	Å	L	A	V	H
F	L	A	T	E	K	E	R	R	T	A	N	G	Y
R	L	L	Y	N	L	S	L	G	A	I	R	H	E
E	I	L	E	A	M	F	T	K	U	B	G	A	F
V	Q	E	D	M	C	N	I	O	Y	X	B	I	I
T	I	D	E	V	A	N	N	N	R	P	Ø	E	S
T	U	N	F	I	S	K	L	Z	O	M	S	O	K
A	L	G	E	R	R	F	K	R	U	A	T	R	C
S	K	I	L	P	A	D	D	E	J	V	E	S	R
B	L	E	K	K	S	P	R	U	T	S	R	D	Q
A	L	O	G	D	M	W	M	B	I	R	S	I	D
S	A	L	T	O	H	C	Y	V	E	B	T	X	Z

ALGER
KORALL
KRABBE
DELFIN
ÅL
FISK
MANET
BLEKKSPRUT
ØSTERS
REV
SALT
TANG
HAI
REKE
SVAMP
STORM
TIDEVANN
TUNFISK
SKILPADDE
HVAL

61 - Force and Gravity

B	E	V	E	G	E	L	S	E	R	M	E	M	M
E	R	H	A	S	T	I	G	H	E	T	G	Y	U
R	J	T	R	M	U	V	O	R	T	O	E	L	N
I	K	G	J	E	T	E	P	G	E	H	N	D	I
F	W	M	U	K	V	U	P	F	N	S	S	G	V
Q	A	U	V	A	I	C	D	Y	A	D	K	S	E
D	R	R	S	N	D	T	A	S	L	O	A	A	R
N	Y	T	W	I	E	M	G	I	P	P	P	R	S
A	P	N	Y	K	L	B	E	K	P	L	E	Z	E
T	S	E	A	K	S	A	L	K	D	R	R	R	L
S	W	S	C	M	E	N	S	T	I	D	E	R	L
V	E	N	D	L	I	E	E	I	B	P	S	S	R
A	A	W	N	O	J	S	K	I	R	F	R	L	S
Q	Z	F	G	N	I	N	K	R	I	V	N	N	I

AKSER
SENTRUM
OPPDAGELSE
AVSTAND
DYNAMISK
UTVIDELSE
FRIKSJON
INNVIRKNING
MEKANIKK
BEVEGELSE
BANE
FYSIKK
PLANETER
PRESS
EGENSKAPER
HASTIGHET
TID
UNIVERSELL

62 - Birds

P	Q	P	H	S	E	O	G	N	I	M	A	L	F
N	A	K	I	L	E	P	G	Å	T	S	D	G	K
A	X	P	V	U	S	G	E	O	S	T	Q	C	J
C	C	B	E	R	G	E	H	J	C	R	V	Y	O
U	L	A	V	G	Z	G	X	D	S	U	X	M	B
O	Q	I	H	D	Ø	C	E	U	O	T	H	O	E
T	P	Y	V	Y	D	Y	N	H	C	S	F	Q	K
L	V	N	R	Ø	L	Q	E	K	Å	M	F	T	R
P	Å	F	U	G	L	G	N	I	L	L	Y	K	Å
G	P	R	P	B	D	A	A	B	E	B	T	A	K
W	J	I	S	M	N	I	V	G	N	I	P	O	E
R	S	Ø	H	H	A	N	S	W	R	B	N	I	Q
G	C	Z	K	R	O	T	S	K	B	D	C	M	X
K	A	N	A	R	I	F	U	G	L	R	X	J	T

KANARIFUGL
KYLLING
KRÅKE
GJØK
AND
ØRN
EGG
FLAMINGO
GÅS
MÅKE
HEGRE
STRUTS
PAPEGØYE
PÅFUGL
PELIKAN
PINGVIN
SPURV
STORK
SVANEN
TOUCAN

63 - Art

O	X	U	T	D	A	Æ	L	A	K	E	K	T	S
R	U	G	I	F	M	A	R	P	V	M	X	N	S
I	M	S	Y	A	U	I	O	L	B	N	Z	G	X
G	K	E	R	A	M	I	S	K	I	E	U	M	G
I	G	I	L	N	O	S	R	E	P	G	Y	J	F
N	K	Q	R	B	X	A	K	K	Y	R	T	T	U
A	O	S	B	R	Q	O	K	U	U	P	D	S	A
L	M	V	K	E	T	J	P	P	L	I	R	B	Q
O	P	I	A	I	W	Y	N	O	E	P	A	K	S
B	L	S	B	R	L	L	I	E	K	P	T	Y	V
M	E	U	R	E	E	D	O	S	N	P	R	U	B
Y	K	E	L	L	M	Q	R	I	E	W	M	B	R
S	S	L	N	A	N	I	G	E	H	U	M	Ø	R
N	Y	L	Z	M	I	N	S	P	I	R	E	R	T

KERAMISK
KOMPLEKS
SKAPE
UTTRYKK
FIGUR
ÆRLIG
INSPIRERT
HUMØR
ORIGINAL
MALERIER
PERSONLIG
POESI
SKILDRE
SKULPTUR
ENKEL
EMNE
SYMBOL
VISUELL

64 - Nutrition

A	X	L	E	X	W	Y	H	B	R	D	K	J	K
G	S	P	I	S	E	L	I	G	E	A	V	C	L
I	I	A	D	U	S	Z	D	X	I	K	A	M	S
B	X	F	L	A	Y	R	I	H	R	N	L	Z	J
B	C	E	T	S	H	E	E	V	O	Q	I	H	S
W	A	S	W	W	H	T	T	N	L	M	T	S	U
W	J	L	E	I	X	T	T	I	A	M	E	E	N
M	J	E	A	G	N	I	X	M	K	V	T	Z	N
F	D	Y	V	N	P	B	W	A	H	E	L	S	E
W	G	Ø	G	I	S	L	X	T	V	E	K	T	B
G	A	D	F	R	R	E	N	I	E	T	O	R	P
E	S	R	M	Æ	L	V	R	V	D	E	W	W	I
H	J	O	O	J	T	T	I	T	E	P	P	A	D
M	K	F	I	G	G	P	D	S	P	M	L	A	W

APPETITT
BALANSERT
BITTER
KALORIER
DIETT
FORDØYELSE
SPISELIG
GJÆRING
SMAK
VANER
HELSE
SUNN
PROTEINER
KVALITET
SAUS
GIFT
VITAMIN
VEKT

65 - Hiking

V	V	V	J	Y	K	X	Q	G	I	O	V	X	G
D	I	N	H	P	E	L	E	G	Z	R	R	P	H
L	N	L	G	V	T	O	I	Y	F	I	Z	A	Z
Q	G	I	L	O	Ø	S	W	M	U	E	T	R	C
K	A	R	T	N	M	D	Y	R	A	N	K	K	A
K	Y	I	W	W	P	T	T	E	W	T	K	E	M
Q	H	A	R	M	P	H	B	L	A	E	L	R	P
Y	M	K	E	T	O	A	X	V	R	R	I	A	I
F	Y	X	N	A	T	U	R	Ø	F	I	P	A	N
R	W	R	I	X	L	Ø	E	T	J	N	P	R	G
A	R	M	E	N	Y	H	R	S	E	G	E	G	H
D	C	G	T	M	T	X	A	T	L	V	A	N	N
L	G	U	S	T	X	O	F	B	L	T	H	U	F
F	O	R	B	E	R	E	D	E	L	S	E	T	A

DYR
STØVLER
CAMPING
KLIPPE
KLIMA
FARER
TUNG
KART
MYGG
FJELL
NATUR
ORIENTERING
PARKER
FORBEREDELSE
STEINER
TOPPMØTE
SOL
TRØTT
VANN
VILL

66 - Professions #1

S	Y	V	A	G	N	N	A	M	Ø	J	S	Y	O
M	K	J	E	G	E	R	D	P	C	L	D	D	F
O	O	R	Y	N	G	J	V	I	Q	C	R	W	G
N	Z	B	E	U	R	I	O	A	L	A	B	E	U
O	K	W	N	D	V	V	K	N	Y	E	Z	P	L
R	I	O	K	K	D	U	A	I	M	Y	G	G	L
T	R	E	N	E	R	E	T	S	I	U	O	E	S
S	D	A	N	S	E	R	R	T	X	B	L	G	M
A	M	B	A	S	S	A	D	Ø	R	A	O	E	E
R	E	D	A	K	T	Ø	R	W	H	N	K	O	D
R	Ø	R	L	E	G	G	E	R	O	K	Y	L	Z
A	E	M	U	S	I	K	E	R	E	I	S	O	X
S	Y	K	E	P	L	E	I	E	R	E	P	G	I
G	S	M	J	F	A	R	G	O	T	R	A	K	A

AMBASSADØR
ASTRONOM
ADVOKAT
BANKIER
KARTOGRAF
TRENER
DANSER
LEGE
REDAKTØR
GEOLOG
JEGER
GULLSMED
MUSIKER
SYKEPLEIER
PIANIST
RØRLEGGER
PSYKOLOG
SJØMANN
SKREDDER

67 - Barbecues

M	R	T	G	G	N	N	S	J	F	V	Y	N	C
E	F	O	K	R	E	K	A	S	N	N	Ø	R	G
U	K	M	H	E	I	L	I	M	A	F	E	H	G
W	X	A	D	M	L	L	L	I	P	S	O	P	A
I	N	T	U	M	D	S	L	D	E	A	P	G	F
V	M	E	V	O	I	A	L	E	C	U	S	M	L
Y	E	R	G	S	G	L	G	A	M	S	K	I	E
V	A	N	R	A	B	A	W	S	M	Q	N	D	R
F	J	Y	N	A	G	T	A	M	X	U	I	D	L
K	R	R	R	E	Q	E	B	M	I	X	V	A	J
M	X	U	L	R	R	R	E	B	L	S	E	G	D
T	L	R	K	K	I	S	U	M	I	T	R	N	V
E	L	R	H	T	L	U	S	G	V	A	R	M	T
S	A	L	T	X	C	N	K	Y	L	L	I	N	G

KYLLING
BARN
MIDDAG
FAMILIE
MAT
GAFLER
VENNER
FRUKT
SPILL
GRILLE
VARMT
SULT
KNIVER
MUSIKK
SALATER
SALT
SAUS
SOMMER
TOMATER
GRØNNSAKER

68 - Vegetables

A	S	U	B	F	S	N	C	S	L	A	B	U	O
R	D	L	W	J	O	E	E	C	P	U	K	Z	A
T	A	L	A	S	P	P	Q	I	K	I	U	A	S
I	A	C	G	V	P	E	A	A	Ø	L	N	E	F
S	Q	M	K	R	U	G	A	I	L	O	A	A	F
J	Z	T	O	H	E	O	Z	L	T	K	U	R	T
O	O	J	R	T	P	S	Z	D	T	K	B	M	R
K	S	G	Q	G	A	E	S	A	O	O	E	M	E
K	E	G	U	L	R	O	T	K	L	R	R	R	A
Ø	L	Å	K	M	O	L	B	L	A	B	G	A	W
L	L	H	V	I	T	L	Ø	K	J	R	I	H	A
L	E	R	E	D	D	I	K	D	S	T	N	L	D
N	R	Æ	F	E	G	N	I	Q	T	U	E	K	T
M	I	P	E	R	S	I	L	L	E	F	V	P	P

ARTISJOKK
BROKKOLI
GULROT
BLOMKÅL
SELLERI
AGURK
AUBERGINE
HVITLØK
INGEFÆR
SOPP
LØK
PERSILLE
ERT
GRESSKAR
REDDIK
SALAT
SJALOTTLØK
SPINAT
TOMAT
NEPE

69 - The Media

K	Q	E	M	N	M	N	I	C	E	J	Y	S	S
O	I	D	A	R	C	A	E	N	M	I	C	R	O
M	N	T	G	Y	W	T	G	T	D	G	P	H	P
M	Y	Z	N	O	P	K	N	A	T	I	B	Y	R
U	F	Q	I	D	T	A	I	K	S	V	V	G	X
N	S	H	N	R	Z	F	R	A	O	I	E	I	Y
I	A	N	N	O	N	S	E	R	F	D	N	R	D
K	P	L	A	K	O	L	I	E	F	I	G	E	K
A	C	M	D	X	T	A	S	S	E	G	P	N	R
S	I	R	T	S	U	D	N	I	N	I	S	I	X
J	Y	S	U	O	Z	D	A	V	T	T	M	L	H
O	U	T	G	A	V	E	N	A	L	A	R	N	I
N	M	E	N	I	N	G	I	U	I	L	T	O	L
G	F	V	N	M	H	S	F	P	G	T	S	H	M

ANNONSER
KOMMUNIKASJON
DIGITALT
UTGAVE
UTDANNING
FAKTA
FINANSIERING
INDIVID
INDUSTRI
LOKAL
MAGASINER
NETTVERK
AVISER
ONLINE
MENING
OFFENTLIG
RADIO

70 - Boats

M	A	N	N	S	K	A	P	O	M	O	Z	T	X
V	N	N	A	M	Ø	J	S	C	F	Q	L	H	K
I	R	Z	G	D	W	N	E	T	S	Y	I	C	S
T	N	S	L	Q	W	B	I	J	L	M	V	A	H
R	I	N	K	M	J	M	L	M	S	M	B	Y	B
H	I	D	S	H	G	O	B	A	E	L	Å	R	F
J	R	P	E	J	W	T	Å	J	G	L	T	I	E
N	E	N	A	V	Ø	O	T	R	E	K	N	A	R
K	A	G	U	L	A	R	M	E	T	A	T	D	J
W	I	U	Y	E	U	N	L	G	Å	N	B	M	E
Y	C	A	T	M	X	Z	N	L	L	O	T	A	R
D	P	T	A	I	G	E	E	Ø	F	H	B	S	H
B	Ø	Y	E	K	S	G	I	B	F	X	S	T	E
C	U	Q	N	Q	K	K	K	A	J	A	K	K	J

ANKER
BØYE
KANO
MANNSKAP
MOTOR
FERJE
KAJAKK
INNSJØ
LIVBÅT
MAST
NAUTISK
FLÅTE
ELV
TAU
SEILBÅT
SJØMANN
HAV
TIDEVANN
BØLGER
YACHT

71 - Driving

V	S	X	D	O	K	B	H	V	F	H	T	C	I
S	J	Å	F	Ø	R	U	I	I	O	U	R	U	L
U	O	P	U	H	K	N	V	L	T	W	A	F	C
L	N	T	Z	Q	Y	J	S	E	G	J	F	W	B
E	T	W	K	V	H	A	N	N	J	L	I	S	R
K	E	J	S	A	R	A	G	N	E	A	K	O	E
K	H	R	E	H	G	G	I	U	N	S	K	A	N
Y	G	E	K	K	A	R	T	T	G	T	I	A	S
S	I	K	K	E	R	H	E	T	E	E	T	L	E
R	T	K	Q	F	D	I	F	E	R	B	I	M	L
O	S	Y	O	G	A	S	S	A	S	I	L	O	T
T	A	L	Y	T	I	T	S	N	R	L	O	T	M
O	H	U	B	R	E	M	S	E	R	E	P	O	Z
M	N	U	J	F	V	F	E	P	G	X	N	R	X

ULYKKE
BREMSER
BIL
FARE
SJÅFØR
BRENSEL
GARASJE
GASS
LISENS
KART
MOTOR
MOTORSYKKEL
FOTGJENGER
POLITI
VEI
SIKKERHET
HASTIGHET
TRAFIKK
LASTEBIL
TUNNEL

72 - Professions #2

N	G	X	K	J	G	A	R	T	N	E	R	F	I
Y	T	I	L	F	O	S	O	L	I	F	B	O	N
B	I	O	L	O	G	U	E	U	V	O	D	T	G
Z	O	O	L	O	G	G	R	U	R	I	K	O	E
K	R	N	C	E	G	E	L	N	N	A	T	G	N
L	E	D	N	O	B	N	D	Æ	A	Q	M	R	I
C	N	A	B	H	C	K	N	J	R	L	Z	A	Ø
E	N	L	I	N	G	V	I	S	T	E	I	F	R
B	I	B	L	I	O	T	E	K	A	R	R	S	R
E	F	X	H	Q	M	O	G	M	N	B	L	O	T
B	P	W	R	B	E	L	E	H	A	S	V	V	T
R	P	K	D	T	I	I	L	Q	G	L	N	Q	T
C	O	X	M	D	U	P	D	F	S	H	E	Z	C
A	S	T	R	O	N	A	U	T	O	Q	V	R	L

ASTRONAUT
BIOLOG
TANNLEGE
INGENIØR
BONDE
GARTNER
OPPFINNER
JOURNALIST
BIBLIOTEKAR

LINGVIST
MALER
FILOSOF
FOTOGRAF
LEGE
PILOT
KIRURG
LÆRER
ZOOLOG

73 - Emotions

T	R	I	S	T	H	E	T	S	G	L	T	U	T
K	E	W	V	X	L	S	I	E	C	L	F	B	G
J	Q	H	Y	R	E	L	J	N	G	P	E	X	C
Æ	S	O	M	T	T	E	E	N	N	Z	P	D	I
R	Y	F	M	Ø	T	K	Y	I	S	H	T	U	E
L	M	G	O	E	E	S	Z	S	C	S	O	A	L
I	P	P	D	Z	L	A	N	A	M	W	D	L	G
G	A	T	H	D	S	R	A	F	H	V	V	F	D
H	T	H	R	D	E	R	F	I	G	W	N	X	K
E	I	G	I	L	M	E	N	K	K	A	T	O	D
T	F	R	Y	K	T	V	R	O	L	I	G	M	B
L	D	Y	Ø	N	R	O	F	X	E	E	U	A	G
A	V	S	L	A	P	P	E	T	P	P	K	X	W
L	Y	K	K	S	A	L	I	G	H	E	T	Y	U

SINNE
LYKKSALIGHET
ROLIG
INNHOLD
FLAU
FRYKT
TAKKNEMLIG
GLEDE
KJÆRLIGHET
FRED
AVSLAPPET
LETTELSE
TRISTHET
FORNØYD
OVERRASKELSE
SYMPATI
ØMHET

74 - Mythology

B	J	P	W	T	I	Y	E	Z	Q	A	O	M	G
K	A	T	A	S	T	R	O	F	E	R	P	G	N
Q	V	Z	G	K	U	L	T	U	R	K	P	C	I
B	B	R	I	S	U	L	A	J	S	E	F	V	N
W	O	M	L	K	L	Y	N	Z	U	T	Ø	M	P
L	R	Y	E	A	T	M	T	B	M	Y	R	E	A
E	E	R	D	P	R	L	O	O	Y	P	S	X	K
G	T	U	Ø	E	O	V	A	N	R	E	E	S	S
E	I	S	D	L	V	O	I	B	S	D	L	S	T
N	I	J	L	S	H	E	V	N	Y	T	E	X	Y
D	H	N	L	E	M	M	I	H	V	R	E	N	R
E	H	E	L	T	K	R	I	G	E	R	I	R	K
U	D	Ø	D	E	L	I	G	H	E	T	U	N	E
E	L	Z	D	N	C	J	O	A	D	L	B	K	T

ARKETYPE
OPPFØRSEL
TRO
SKAPELSE
SKAPNING
KULTUR
KATASTROFE
HIMMEL
HELT
UDØDELIGHET
SJALUSI
LABYRINT
LEGENDE
LYN
MONSTER
DØDELIG
HEVN
STYRKE
TORDEN
KRIGER

75 - Hair Types

F	Å	S	K	Q	E	L	A	L	F	P	J	M	Z
T	R	O	K	A	K	V	T	K	V	M	U	A	F
E	G	W	P	I	Y	N	Z	Z	U	G	W	A	L
G	N	F	H	H	N	N	U	S	V	A	R	T	E
R	A	C	N	B	N	N	R	N	Q	J	R	Y	T
A	L	D	N	I	D	P	E	U	O	I	Ø	T	T
F	S	K	A	L	L	E	T	N	U	L	T	Y	E
K	P	Q	E	L	O	K	T	Y	D	B	M	N	T
R	B	R	U	N	T	X	E	H	N	E	Y	N	E
Ø	P	U	B	H	D	J	L	V	O	J	K	R	O
L	J	G	Z	V	R	W	F	I	L	B	Y	L	V
L	A	C	T	Y	K	K	C	T	B	G	M	F	C
E	L	B	L	D	O	K	R	Ø	L	L	E	R	J
T	B	Ø	L	G	E	T	E	X	L	V	F	H	K

SKALLET
SVART
BLOND
FLETTET
FLETTER
BRUN
FARGET
KRØLLER
KRØLLET
TØRR
GRÅ
SUNN
LANG
SKINNENDE
KORT
MYK
TYKK
TYNN
BØLGETE
HVIT

76 - Garden

C	J	G	B	F	R	U	K	T	H	A	G	E	G
E	M	A	D	U	E	G	N	A	L	S	M	R	J
H	X	R	H	V	S	S	E	R	G	W	T	T	E
Z	Y	A	B	W	S	K	E	Y	B	I	P	M	R
A	L	S	Z	X	A	D	N	A	R	E	V	U	D
U	M	J	R	B	R	C	I	T	H	Y	S	I	E
B	H	E	F	T	R	R	L	P	Z	Ø	Q	S	U
L	A	R	D	T	E	U	O	D	L	K	W	T	A
O	G	Y	C	A	T	X	P	F	R	E	K	A	R
M	E	N	V	Q	P	P	M	X	R	G	N	D	E
S	R	J	Z	X	L	S	A	G	B	N	E	T	X
T	U	G	R	E	S	S	R	G	U	E	B	M	U
D	F	D	V	N	J	L	T	C	L	H	G	P	D
V	I	N	T	R	E	E	T	A	V	W	O	U	S

BENK
BUSK
GJERDE
BLOMST
GARASJE
HAGE
GRESS
HENGEKØYE
SLANGE
PLEN
FRUKTHAGE
DAM
VERANDA
RAKE
SPADE
TERRASSE
TRAMPOLINE
TRE
VINTREET
UGRESS

77 - Diplomacy

K	K	I	T	I	L	O	P	R	B	S	D	R	Q
E	O	G	Z	Z	W	H	V	Å	U	I	A	E	H
N	C	N	S	E	D	I	E	D	T	K	V	T	P
R	E	I	F	I	K	A	D	G	E	K	D	T	A
Ø	T	N	P	L	U	A	T	I	T	E	I	F	R
D	I	S	A	A	I	T	A	V	I	R	P	E	E
A	K	Ø	A	X	P	K	K	E	R	H	L	R	G
S	K	L	T	X	N	Z	T	R	G	E	O	D	J
S	A	M	A	R	B	E	I	D	E	T	M	I	E
A	M	B	A	S	S	A	D	E	T	C	A	G	R
B	D	I	S	K	U	S	J	O	N	I	T	H	I
M	B	O	R	G	E	R	E	Q	I	V	I	E	N
A	H	U	M	A	N	I	T	Æ	R	I	S	T	G
S	A	M	F	U	N	N	E	T	Z	C	K	M	I

RÅDGIVER
AMBASSADØR
BORGERE
CIVIC
SAMFUNNET
KONFLIKT
SAMARBEID
DIPLOMATISK
DISKUSJON
AMBASSADE
ETIKK
REGJERING
HUMANITÆR
INTEGRITET
RETTFERDIGHET
POLITIKK
VEDTAK
SIKKERHET
LØSNING

78 - Countries #1

F	Z	B	G	H	F	L	O	T	H	Z	R	N	V
I	S	R	A	E	L	E	S	Y	D	A	J	I	E
R	M	H	W	I	P	D	W	J	C	I	R	C	N
N	A	H	Q	O	F	I	N	L	A	N	D	A	E
X	N	F	S	K	I	T	A	L	I	A	P	R	Z
L	T	O	P	K	T	X	P	N	G	M	A	A	U
A	E	G	R	O	N	M	B	Y	P	O	N	G	E
T	I	V	T	R	L	B	W	R	G	R	A	U	L
V	V	G	P	A	S	E	K	D	A	E	M	A	A
I	G	G	S	M	P	G	N	L	N	S	A	D	C
A	Y	B	I	L	A	G	E	N	E	S	I	G	O
F	E	V	C	D	N	A	L	K	S	Y	T	L	E
C	F	N	X	H	I	H	Z	C	A	N	A	D	A
I	N	V	V	K	A	R	I	Y	K	B	S	S	H

BRASIL
CANADA
EGYPT
FINLAND
TYSKLAND
IRAK
ISRAEL
ITALIA
LATVIA
LIBYA
MAROKKO
NICARAGUA
NORGE
PANAMA
POLEN
ROMANIA
SENEGAL
SPANIA
VENEZUELA
VIETNAM

79 - Adjectives #1

I	E	V	I	T	K	A	R	T	T	A	D	A	N
A	L	A	Q	A	H	J	X	T	Y	V	D	R	Y
E	K	S	O	T	I	S	K	U	L	N	Y	O	T
Y	M	O	D	E	R	N	E	L	A	K	N	M	T
T	U	N	G	M	K	J	Q	O	N	Y	A	A	I
C	T	U	I	U	A	G	T	S	G	T	M	T	G
L	X	F	T	J	C	D	J	B	S	W	B	I	S
G	Q	P	K	H	O	S	H	A	O	M	I	S	J
Z	L	C	I	K	M	E	Y	O	M	O	S	K	E
O	T	A	V	H	K	R	M	Ø	R	K	I	N	N
X	T	U	D	M	L	I	F	J	X	Y	Ø	Q	E
V	A	K	K	E	R	Ø	M	N	M	M	S	K	R
Æ	R	L	I	G	K	S	I	T	N	E	D	I	Ø
K	U	N	S	T	N	E	R	I	S	K	K	G	S

ABSOLUTT
AMBISIØS
AROMATISK
KUNSTNERISK
ATTRAKTIV
VAKKER
MØRK
EKSOTISK
SJENERØS
GLAD
TUNG
NYTTIG
ÆRLIG
IDENTISK
VIKTIG
MODERNE
SERIØS
LANGSOM
TYNN

80 - Rainforest

E	G	Z	A	M	I	L	K	E	F	R	U	S	O
O	T	O	S	M	N	Q	U	G	V	E	R	A	V
Q	K	G	I	Q	F	A	K	I	E	S	O	M	E
J	U	N	G	E	L	I	T	V	Z	P	C	F	R
S	L	I	N	Z	B	Z	B	U	E	E	J	U	L
F	F	R	I	P	C	B	N	I	R	K	U	N	E
V	L	E	R	E	Y	K	S	T	E	T	D	N	V
T	I	R	A	U	J	B	S	Y	S	R	N	E	E
X	T	U	V	R	Y	D	E	T	T	A	P	T	L
K	C	A	E	F	F	U	G	L	E	R	F	J	S
E	A	T	B	O	M	A	N	G	F	O	L	D	E
E	Q	S	D	L	B	O	T	A	N	I	S	K	O
Z	R	E	T	K	E	S	N	I	Y	W	S	L	D
X	I	R	V	E	R	D	I	F	U	L	L	E	L

AMFIBIER
FUGLER
BOTANISK
KLIMA
SKYER
SAMFUNNET
MANGFOLD
URFOLK
INSEKTER
JUNGEL
PATTEDYR
MOSE
NATUR
BEVARING
TILFLUKT
RESPEKT
RESTAURERING
ART
OVERLEVELSE
VERDIFULL

81 - Technology

K	A	M	E	R	A	H	W	V	W	M	D	U	V
P	T	I	T	A	W	B	X	D	U	A	I	F	D
R	A	A	Y	U	N	A	P	K	Q	R	G	V	R
O	D	Y	B	T	E	H	R	E	K	K	I	S	F
G	S	P	O	G	J	L	N	P	D	Ø	T	F	V
R	T	T	E	N	R	E	T	N	I	R	A	O	I
A	A	B	S	I	E	V	I	R	U	S	L	R	R
M	T	L	K	D	S	E	H	V	C	T	T	S	T
V	I	O	J	L	E	S	K	R	I	F	T	K	U
A	S	G	E	E	L	I	F	F	Z	E	L	N	E
R	T	G	R	M	T	V	Y	B	G	C	M	I	L
E	I	S	M	Y	T	G	F	O	M	T	Y	N	L
Y	K	F	J	U	E	I	I	Y	R	C	P	G	M
F	K	W	C	R	N	M	X	I	G	Y	O	E	E

BLOGG
NETTLESER
BYTE
KAMERA
MARKØR
DATA
DIGITALT
VISE
FIL
SKRIFT
INTERNETT
MELDING
FORSKNING
SKJERM
SIKKERHET
PROGRAMVARE
STATISTIKK
VIRTUELL
VIRUS

82 - Landscapes

M	D	H	F	E	P	P	I	L	K	I	D	E	H
S	A	I	Q	A	R	D	N	U	T	V	X	D	U
S	T	R	A	N	D	B	N	A	K	L	U	V	L
O	A	G	Y	K	G	E	S	Å	S	L	Ø	O	E
F	X	U	U	U	O	C	J	I	U	E	R	L	U
I	S	F	J	E	L	L	Ø	P	M	J	K	A	V
T	D	T	D	H	T	Q	E	H	P	F	E	C	R
E	L	V	A	H	A	K	K	O	R	V	N	P	Y
D	W	V	L	V	T	L	N	A	I	D	U	R	U
Q	Q	Q	R	B	I	B	V	T	G	R	Z	I	D
L	F	I	U	B	Y	A	M	Ø	S	O	A	S	E
G	R	I	J	V	Y	K	U	D	Y	Z	S	Y	T
H	F	N	F	F	N	S	J	K	X	N	F	E	Ø
R	S	F	Z	F	P	P	D	H	V	R	R	G	O

STRAND
HULE
KLIPPE
ØRKEN
GEYSIR
ISBRE
ÅS
ISFJELL
ØY
INNSJØ
FJELL
OASE
HALVØY
ELV
HAV
SUMP
TUNDRA
DAL
VULKAN
FOSS

83 - Visual Arts

P	S	E	K	S	K	P	O	R	T	R	E	T	T
E	A	G	R	K	A	R	K	U	L	L	Q	O	C
R	M	V	E	U	R	L	I	R	E	L	A	M	K
S	M	O	A	L	K	A	E	T	M	S	U	I	R
P	E	K	T	P	I	X	J	I	T	O	C	F	E
E	N	S	I	T	T	E	A	R	R	P	Q	A	V
K	S	K	V	U	E	E	G	Y	Q	E	E	R	R
T	E	E	I	R	K	S	N	N	E	P	D	G	E
I	T	R	T	L	T	M	O	Y	H	D	E	O	T
V	N	A	E	F	U	I	L	E	F	F	A	T	S
X	I	M	T	Q	R	E	B	I	S	B	Z	O	E
H	N	I	L	G	H	D	A	E	F	R	Z	F	M
L	G	K	W	X	J	B	J	U	M	Z	M	N	G
W	Y	K	A	R	T	I	S	T	N	A	Y	L	B

ARKITEKTUR
ARTIST
KERAMIKK
KRITT
KULL
LEIRE
SAMMENSETNING
KREATIVITET
STAFFELI
FILM
MESTERVERK
MALERI
PENN
BLYANT
PERSPEKTIV
FOTOGRAFI
PORTRETT
SKULPTUR
SJABLONG
VOKS

84 - Plants

S	H	A	G	E	N	S	H	F	S	T	K	B	B
B	K	L	I	T	S	V	G	H	R	O	T	O	U
Ø	Y	O	X	C	K	C	Q	K	K	B	S	T	S
N	I	R	G	T	R	E	S	O	M	A	M	A	K
N	H	R	Q	L	E	Æ	G	W	K	M	O	N	V
E	M	C	R	R	V	I	B	N	I	B	L	I	E
E	F	Ø	Y	K	V	V	J	G	H	U	B	K	G
D	L	E	S	D	Ø	J	G	J	Q	S	C	K	E
K	R	O	N	B	L	A	D	Z	X	V	E	R	T
V	I	A	G	A	U	M	R	G	D	X	T	L	A
D	Y	Y	U	Z	N	H	J	O	E	K	T	L	S
S	K	A	K	T	U	S	F	L	L	L	V	Z	J
G	R	E	S	S	O	C	J	F	T	F	T	R	O
K	I	F	Q	L	B	Q	P	Q	A	Z	K	D	N

BAMBUS
BØNNE
BÆR
BOTANIKK
BUSK
KAKTUS
GJØDSEL
FLORA
BLOMST
LØVVERK

SKOG
HAGE
GRESS
EFØY
MOSE
KRONBLAD
ROT
STILK
TRE
VEGETASJON

85 - Countries #2

U	K	R	A	I	N	A	N	Z	G	J	E	L	S
K	J	N	I	V	M	B	O	I	I	A	T	M	R
E	G	F	K	E	V	H	N	W	M	P	I	E	R
F	K	N	W	X	L	L	A	O	S	A	O	X	M
S	U	D	A	N	Y	D	B	I	K	N	P	I	A
D	A	N	M	A	R	K	I	T	R	Y	I	C	I
U	G	A	N	D	A	V	L	I	P	E	A	O	N
J	S	O	J	K	I	B	Z	A	J	S	B	A	A
U	A	N	D	Z	R	C	V	H	A	D	W	I	B
N	L	M	N	W	Y	N	E	P	A	L	I	L	L
E	L	N	A	T	S	I	K	A	P	Z	W	A	A
R	E	N	A	I	R	E	G	I	N	E	S	M	W
Y	H	L	T	F	C	K	K	Q	C	V	D	O	D
E	O	B	E	D	N	A	L	S	S	U	R	S	S

ALBANIA
DANMARK
ETIOPIA
HELLAS
HAITI
JAMAICA
JAPAN
LAOS
LIBANON
LIBERIA
MEXICO
NEPAL
NIGERIA
PAKISTAN
RUSSLAND
SOMALIA
SUDAN
SYRIA
UGANDA
UKRAINA

86 - Ecology

N	M	N	O	J	S	A	T	E	G	E	V	S	T
A	G	A	G	V	Z	D	O	P	R	D	I	I	H
T	R	M	N	R	E	S	R	U	S	S	E	R	A
U	P	I	B	G	W	R	E	T	N	A	L	P	B
R	H	L	Q	Æ	F	N	L	T	Ø	R	K	E	I
O	W	K	K	V	R	O	N	E	K	P	T	K	T
F	J	E	L	L	O	E	L	B	V	A	G	Q	A
S	G	M	O	M	F	F	K	D	L	E	I	O	T
A	L	Y	E	M	K	W	A	R	O	N	L	A	V
M	O	R	M	A	R	I	N	E	A	A	R	S	R
F	B	I	B	R	J	A	U	Y	N	F	U	I	E
U	A	S	N	O	O	P	A	K	A	Y	T	H	W
N	L	L	R	L	B	R	F	Y	R	Y	A	I	U
N	N	J	B	F	K	L	W	N	T	J	N	N	G

KLIMA
SAMFUNN
MANGFOLD
TØRKE
FAUNA
FLORA
GLOBAL
HABITAT
MARINE
MYR

FJELL
NATURLIG
NATUR
PLANTER
RESSURSER
ART
OVERLEVELSE
BÆREKRAFTIG
VEGETASJON

87 - Adjectives #2

S	T	O	L	T	Q	S	C	Y	M	N	N	A	P
T	I	V	F	A	U	T	E	N	T	I	S	K	R
K	N	S	A	E	L	E	G	A	N	T	S	O	O
H	T	A	A	R	R	N	B	Z	E	M	T	F	D
S	E	N	N	L	M	W	K	L	D	T	E	R	U
U	R	S	A	K	T	T	V	R	N	E	R	P	K
N	E	V	T	T	Ø	R	R	B	E	V	K	M	T
N	S	A	U	V	I	L	L	E	V	A	W	S	I
A	S	R	R	P	U	R	D	R	I	G	T	T	V
T	A	L	L	H	K	Z	S	Ø	R	E	Z	I	I
J	N	I	I	D	V	Q	P	M	K	B	V	I	V
W	T	G	G	D	W	S	W	T	S	J	J	I	J
N	Z	S	U	L	T	E	N	A	E	N	Y	W	U
S	Ø	V	N	I	G	Y	F	E	B	G	P	X	L

AUTENTISK
KREATIV
BESKRIVENDE
TØRR
ELEGANT
BERØMT
BEGAVET
SUNN
VARMT
SULTEN
INTERESSANT
NATURLIG
NY
PRODUKTIV
STOLT
ANSVARLIG
SALT
SØVNIG
STERK
VILL

88 - Psychology

I	E	F	Ø	L	E	L	S	E	R	B	P	T	O
F	O	G	P	R	O	B	L	E	M	A	E	V	X
T	B	K	O	H	A	W	H	K	M	R	R	U	T
E	R	F	A	R	I	N	G	E	R	N	S	R	Q
H	F	D	N	N	A	U	I	A	E	D	O	D	K
G	O	Ø	I	C	Q	S	W	V	E	O	N	E	O
I	Y	D	L	D	C	D	O	T	D	M	L	R	N
L	X	R	N	E	R	V	I	A	I	T	I	I	F
E	J	D	Y	B	L	Ø	O	L	C	Z	G	N	L
K	N	K	Z	O	V	S	M	E	T	H	H	G	I
R	E	K	N	A	T	K	E	M	D	W	E	G	K
I	P	A	R	E	T	F	P	Q	E	N	T	O	T
V	K	O	G	N	I	S	J	O	N	R	C	W	U
O	P	P	F	A	T	N	I	N	G	H	J	V	Y

AVTALE
VURDERING
BARNDOM
KOGNISJON
KONFLIKT
DRØMMER
EGO
FØLELSER
ERFARINGER
IDEER
OPPFATNING
PERSONLIGHET
PROBLEM
VIRKELIGHET
FØLELSE
TERAPI
TANKER

89 - Math

H	H	V	R	B	H	E	S	X	S	F	O	P	F
C	L	I	E	Z	R	I	P	S	Q	V	M	O	A
U	L	N	K	C	W	Ø	H	G	O	F	K	L	R
P	E	K	T	J	T	K	K	M	D	E	R	Y	I
I	L	L	A	M	I	S	E	D	O	R	E	G	T
R	L	E	N	Z	Y	E	I	E	E	E	T	O	M
T	A	R	G	T	O	R	G	E	T	L	S	N	E
E	R	Z	E	N	O	J	S	I	V	I	D	X	T
M	A	E	L	A	I	R	T	E	M	M	Y	S	I
O	P	O	K	N	F	N	B	J	U	V	J	U	K
E	O	C	O	A	Y	T	G	T	S	O	V	I	K
G	L	J	Q	V	N	R	R	I	Y	L	C	D	K
G	R	A	D	E	R	T	N	S	L	U	H	A	E
H	P	D	I	A	M	E	T	E	R	M	U	R	W

VINKLER
ARITMETIKK
OMKRETS
DESIMAL
GRADER
DIAMETER
DIVISJON
LIGNING
BRØKDEL
GEOMETRI
PARALLELL
POLYGON
RADIUS
REKTANGEL
TORGET
SUM
SYMMETRI
TREKANT
VOLUM

90 - Water

F	D	U	S	J	D	B	G	N	I	N	N	A	V
H	O	E	U	V	A	Ø	E	I	Z	U	U	O	A
V	P	R	X	L	M	L	Y	E	N	S	I	F	H
G	N	P	D	L	P	G	S	I	A	N	I	L	G
M	T	S	L	A	L	E	I	H	U	O	S	L	I
T	E	X	Q	N	M	R	R	S	A	M	B	J	Q
W	H	U	F	A	Y	P	K	S	F	L	O	M	Ø
Z	G	I	T	K	U	F	N	M	N	E	L	V	C
R	I	O	R	K	A	N	Z	I	C	Ø	Q	O	V
P	T	Z	K	T	Å	V	M	O	N	N	E	J	G
E	K	R	E	G	N	Y	V	L	T	G	S	H	W
T	U	A	C	A	J	L	I	Z	S	N	F	R	P
F	F	H	A	P	V	B	E	X	Z	W	U	Z	Y
N	E	H	C	F	R	O	S	T	Q	E	T	Y	W

KANAL
FUKTIG
FORDAMPNING
FLOM
FROST
GEYSIR
ORKAN
IS
VANNING
INNSJØ
FUKTIGHET
MONSUN
HAV
REGN
ELV
DUSJ
SNØ
GJENNOMVÅT
DAMP
BØLGER

91 - Activities

K	G	F	O	T	T	U	R	E	R	J	F	F	A
U	A	L	N	S	D	P	G	L	L	X	H	O	E
N	O	I	E	K	R	X	B	N	L	F	O	T	M
S	F	N	H	D	S	Z	W	S	I	Z	S	O	F
T	I	T	C	G	E	R	G	Q	P	P	W	G	X
H	S	E	F	O	Y	T	N	L	S	Z	M	R	J
Å	K	R	J	T	E	T	I	V	I	T	K	A	M
N	E	E	H	K	N	Q	N	S	L	D	K	F	C
D	S	S	M	A	G	I	P	Y	E	R	I	E	F
V	X	S	T	J	Q	R	A	I	S	E	M	R	R
E	E	E	B	K	R	R	L	W	I	D	A	I	I
R	X	R	K	E	H	L	S	E	N	A	R	N	T
K	J	H	U	T	S	Z	V	U	G	N	E	G	I
H	O	C	R	L	O	R	A	A	I	S	K	N	D

AKTIVITET
KUNST
CAMPING
KERAMIKK
HÅNDVERK
DANS
FISKE
SPILL
FOTTURER
JAKT
INTERESSER
FRITID
MAGI
FOTOGRAFERING
GLEDE
LESING
AVSLAPNING
SY

92 - Business

Ø	B	U	T	I	K	K	S	V	B	T	I	K	H
K	K	I	R	B	A	F	E	A	U	P	N	A	A
S	R	O	D	U	S	E	L	L	D	E	V	R	N
K	E	Z	N	M	G	A	S	U	S	N	E	R	D
A	V	V	G	O	C	Q	K	T	J	G	S	I	E
T	I	R	S	Z	M	N	A	A	E	E	T	E	L
T	G	P	R	X	Y	I	P	K	T	R	E	R	S
E	S	R	A	B	A	T	T	P	T	E	R	E	V
R	D	K	A	N	S	A	T	T	K	D	I	S	A
Z	I	K	O	H	Q	M	G	E	E	E	N	Z	R
U	E	L	S	N	A	N	I	F	T	L	G	Z	E
F	B	P	G	N	T	B	Z	G	N	S	R	S	R
C	R	J	M	I	U	O	K	D	N	M	O	H	Z
S	A	L	G	U	Y	A	R	E	I	E	L	K	V

BUDSJETT
KARRIERE
SELSKAP
KOSTE
VALUTA
RABATT
ØKONOMI
ANSATT
ARBEIDSGIVER
FABRIKK
FINANS
INNTEKT
INVESTERING
LEDER
HANDELSVARER
PENGER
KONTOR
SALG
BUTIKK
SKATTER

93 - The Company

I	N	D	U	S	T	R	I	P	Y	S	X	K	I
R	F	L	K	N	E	D	V	R	S	E	B	B	N
E	T	E	V	I	T	A	V	O	N	N	I	J	N
S	E	P	N	S	K	Y	M	F	L	L	N	E	T
R	T	C	X	X	Y	A	Y	E	F	I	U	B	E
U	I	G	N	I	R	E	T	S	E	V	N	I	K
S	L	S	F	C	C	N	E	J	G	I	A	P	T
S	A	Z	I	V	U	O	K	O	L	T	M	R	E
E	V	E	L	K	S	Q	X	N	O	A	G	O	R
R	K	K	O	W	O	E	X	E	B	E	S	D	Y
M	U	L	I	G	H	E	T	L	A	R	N	U	U
F	R	A	M	G	A	N	G	L	L	K	I	K	P
B	F	B	E	S	L	U	T	N	I	N	G	T	R
T	R	E	N	D	E	R	E	N	H	E	T	E	R

KREATIV
BESLUTNING
GLOBAL
INDUSTRI
INNOVATIV
INVESTERING
MULIGHET
PRODUKT
PROFESJONELL
FRAMGANG
KVALITET
RYKTE
RESSURSER
INNTEKTER
RISIKO
TRENDER
ENHETER

94 - Literature

R	K	O	N	K	L	U	S	J	O	N	H	X	E
F	O	N	K	J	A	N	E	K	D	O	T	E	S
O	A	M	D	I	K	T	G	E	R	I	M	R	C
R	W	B	A	F	O	R	F	A	T	T	E	R	H
T	G	N	I	N	G	I	L	N	E	M	M	A	S
E	B	I	O	G	R	A	F	I	V	A	S	M	P
L	M	E	T	A	F	O	R	E	V	B	P	E	O
L	F	A	T	R	A	G	E	D	I	E	A	T	E
E	K	G	N	I	N	E	M	D	I	K	P	B	T
R	E	E	O	A	W	H	X	J	F	K	I	Q	I
I	C	I	G	O	L	A	N	A	C	N	C	N	S
Y	Q	D	E	Y	I	Y	R	L	O	I	M	E	K
R	Y	T	M	E	T	P	S	D	I	A	L	O	G
D	L	D	B	O	S	A	E	E	D	A	E	S	N

ANALOGI
ANALYSE
ANEKDOTE
FORFATTER
BIOGRAFI
SAMMENLIGNING
KONKLUSJON
DIALOG
METAFOR
FORTELLER
ROMAN
MENING
DIKT
POETISK
RIM
RYTME
STIL
TEMA
TRAGEDIE

95 - Geography

J	V	Y	T	N	E	N	I	T	N	O	K	C	X
F	D	D	S	T	D	K	S	O	Z	D	X	Q	O
J	V	P	B	T	Y	B	V	R	V	E	T	Q	J
E	E	H	K	Y	Ø	D	N	A	L	B	N	D	G
L	S	A	K	A	H	S	O	O	T	N	E	L	V
L	T	V	I	B	R	E	R	Ø	S	O	D	I	Z
A	T	L	A	S	T	T	D	R	I	I	R	D	Y
B	R	E	D	D	E	G	R	A	D	G	E	V	B
K	V	Y	N	O	U	Z	D	A	F	E	V	E	B
F	T	W	R	E	W	T	D	D	Y	R	S	C	P
T	E	R	R	I	T	O	R	I	U	M	U	Z	L
X	M	E	R	I	D	I	A	N	D	F	L	W	S
A	O	Z	M	Y	L	I	A	B	S	R	D	D	Y
H	A	L	V	K	U	L	E	T	W	X	D	U	L

HØYDE
ATLAS
BY
KONTINENT
LAND
EKVATOR
HALVKULE
ØY
BREDDEGRAD
KART
MERIDIAN
FJELL
NORD
REGION
ELV
HAV
SØR
TERRITORIUM
VEST
VERDEN

96 - Pets

F	I	S	K	H	K	S	D	V	C	B	Q	O	S
V	G	W	I	W	A	U	Z	A	O	Z	S	H	K
P	X	E	Z	U	Q	M	B	L	K	P	W	S	I
A	G	F	D	M	O	M	S	P	R	A	A	B	L
A	V	Y	O	Y	R	Q	C	T	T	A	K	X	P
H	V	Z	R	E	E	Y	Ø	G	E	P	A	P	A
U	X	W	Æ	Y	L	H	Y	K	E	R	N	P	D
X	V	I	N	A	G	N	L	A	B	C	I	B	D
G	H	S	I	R	Ø	B	Q	T	A	M	N	Å	E
K	T	K	R	Ø	L	K	K	T	I	C	E	N	G
H	A	L	E	T	K	K	Q	U	H	E	G	D	A
U	N	U	T	R	Z	V	N	N	A	V	G	N	R
J	P	I	E	W	O	O	R	G	Y	V	A	U	K
D	W	L	V	H	D	Q	Q	E	Q	J	R	H	F

KATT
KLØR
KRAGE
KU
HUND
FISK
MAT
GEIT
HAMSTER
KATTUNGE
BÅND
ØGLE
MUS
PAPEGØYE
VALP
KANIN
HALE
SKILPADDE
VETERINÆR
VANN

97 - Jazz

A	P	X	T	X	B	T	N	M	X	Q	S	G	I
O	L	N	R	E	T	T	I	R	O	V	A	F	M
R	I	B	A	W	K	K	K	I	S	U	M	K	P
K	T	I	U	I	H	H	E	Y	K	S	M	O	R
E	S	Y	B	M	A	W	R	V	O	A	E	M	O
S	A	E	B	E	R	Ø	M	T	N	Y	N	P	V
T	P	Q	R	M	E	O	W	R	S	T	S	O	I
E	P	L	E	M	M	A	G	Y	E	E	E	N	S
R	L	J	N	Z	M	V	K	T	R	K	T	I	A
D	A	U	T	Z	O	Y	Y	M	T	N	N	S	S
E	U	T	S	O	R	F	H	E	E	I	I	T	J
G	S	B	N	A	T	M	Z	E	P	K	N	P	O
V	H	E	U	T	N	E	L	A	T	K	G	T	N
X	E	T	K	I	G	G	L	I	G	S	T	J	A

ALBUM
APPLAUS
KUNSTNER
KOMPONIST
SAMMENSETNING
KONSERT
TROMMER
VEKT
BERØMT
FAVORITTER
IMPROVISASJON
MUSIKK
NY
GAMMEL
ORKESTER
RYTME
SANG
STIL
TALENT
TEKNIKK

98 - Nature

C	G	P	U	N	V	E	L	K	J	H	W	J	A
D	W	U	Y	J	I	E	L	V	K	C	R	M	R
I	S	B	R	E	K	S	I	M	A	N	Y	D	K
F	E	U	Y	K	T	U	V	B	N	U	T	F	T
H	R	R	D	Å	I	K	L	I	P	P	E	R	I
E	F	E	O	T	G	A	F	K	Y	G	F	E	S
L	W	I	D	S	L	Ø	V	V	E	R	K	Y	K
L	D	B	T	E	J	R	L	H	N	B	I	K	R
I	X	Z	L	R	L	O	F	C	U	T	R	S	W
G	F	W	E	D	O	I	N	D	O	W	O	W	C
D	Ø	R	K	E	N	P	G	F	H	J	L	Q	Z
O	Z	I	G	U	P	P	I	R	U	T	I	L	F
M	P	U	G	T	H	P	Y	S	X	L	G	H	Q
S	K	J	Ø	N	N	H	E	T	K	S	K	O	G

DYR
ARKTISK
SKJØNNHET
BIER
KLIPPER
SKYER
ØRKEN
DYNAMISK
EROSJON
TÅKE
LØVVERK
SKOG
ISBRE
FREDELIG
ELV
HELLIGDOM
ROLIG
TROPISK
VIKTIG
VILL

99 - Vacation #2

T	H	A	V	C	A	Z	E	L	Z	P	N	P	C
F	R	K	A	R	T	L	N	Z	S	B	E	L	Y
J	F	A	D	E	M	M	E	R	F	T	S	L	S
E	T	D	N	O	J	S	A	N	I	T	S	E	D
L	W	W	A	S	U	M	U	T	X	Q	A	T	G
L	U	V	R	V	P	T	X	B	A	G	L	O	R
Q	B	P	T	T	D	O	L	P	T	M	P	H	R
K	L	A	S	N	E	I	R	E	F	W	Y	O	X
F	R	I	T	I	D	U	Q	T	N	W	L	K	V
G	N	I	P	M	A	C	D	C	O	D	F	V	T
O	J	S	Ø	R	E	I	S	E	S	V	I	T	O
T	E	L	T	Y	P	A	S	S	O	D	I	N	Y
I	C	V	I	S	U	M	A	A	J	C	D	Z	G
B	O	U	X	B	Q	G	M	Z	F	E	Z	F	W

FLYPLASSEN
STRAND
CAMPING
DESTINASJON
FREMMED
UTLENDING
FERIE
HOTELL
ØY
REISE
FRITID
KART
FJELL
PASS
HAV
TAXI
TELT
TOG
TRANSPORT
VISUM

100 - Electricity

M	J	B	U	H	T	U	O	L	M	B	M	W	E
X	E	F	P	Y	B	T	B	E	A	T	K	X	L
W	F	N	C	N	C	S	N	B	L	M	K	D	E
V	N	F	G	Z	N	T	T	A	B	C	P	I	K
W	W	I	V	D	T	Y	K	K	X	E	P	E	T
P	Y	S	J	N	E	R	E	S	A	L	O	T	R
S	T	I	K	K	O	N	T	A	K	T	S	E	I
B	A	T	T	E	R	I	N	M	O	E	I	L	K
N	E	T	T	V	E	R	K	E	K	N	T	E	E
G	E	N	E	R	A	T	O	R	G	G	I	F	R
P	Æ	R	E	B	B	S	M	D	T	A	V	O	H
E	L	E	K	T	R	I	S	K	L	M	T	N	J
L	A	G	R	I	N	G	D	Z	G	W	E	I	C
O	B	J	E	K	T	E	R	V	R	D	T	T	V

BATTERI
PÆRE
KABEL
ELEKTRISK
ELEKTRIKER
UTSTYR
GENERATOR
LAMPE
LASER
MAGNET
NEGATIV
NETTVERK
OBJEKTER
POSITIV
MENGDE
STIKKONTAKT
LAGRING
TELEFON
TV

1 - Antiques

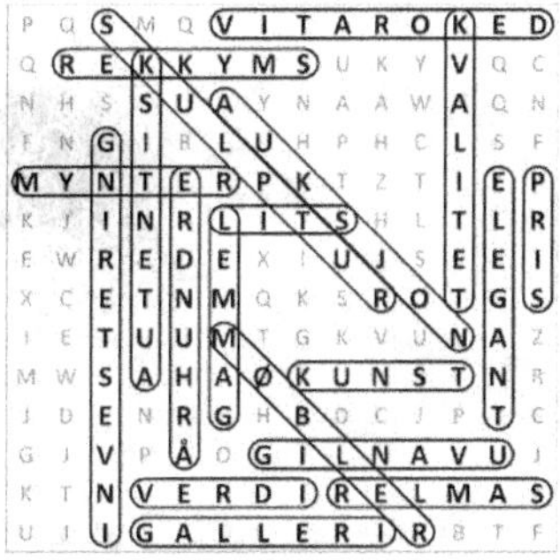

2 - Food #1

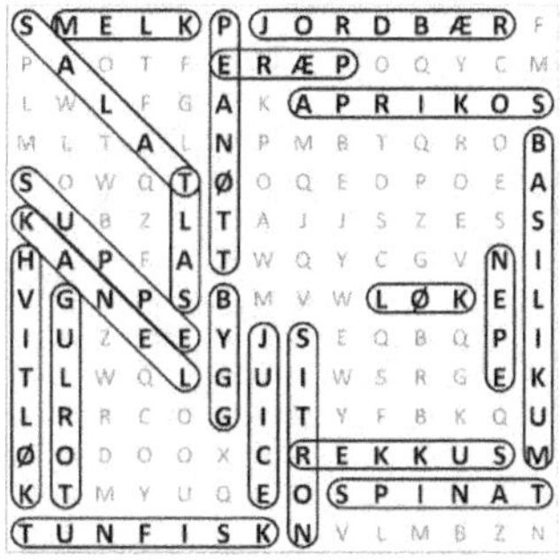

3 - Measurements

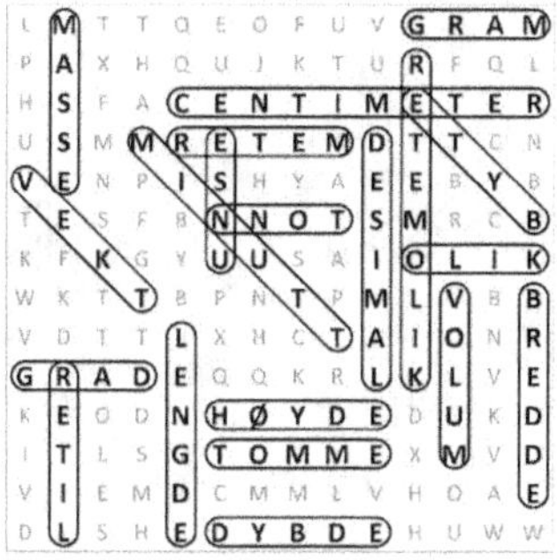

4 - Farm #2

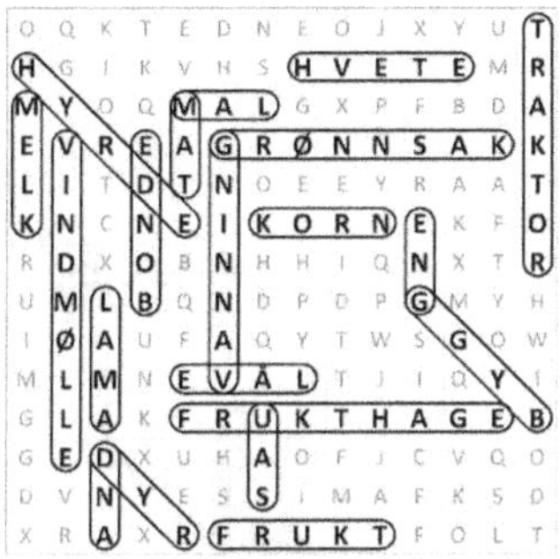

5 - Books

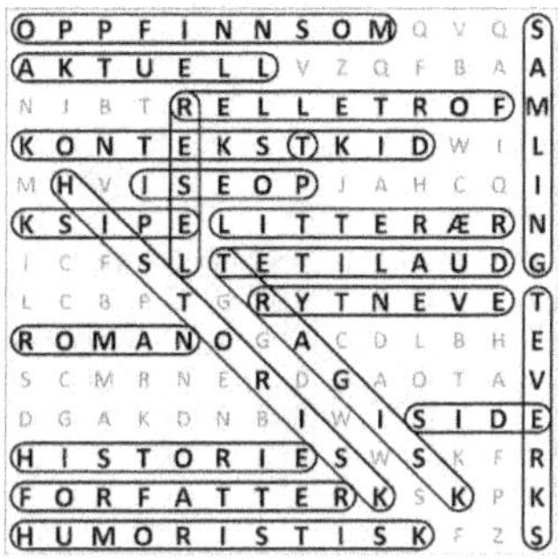

6 - Meditation

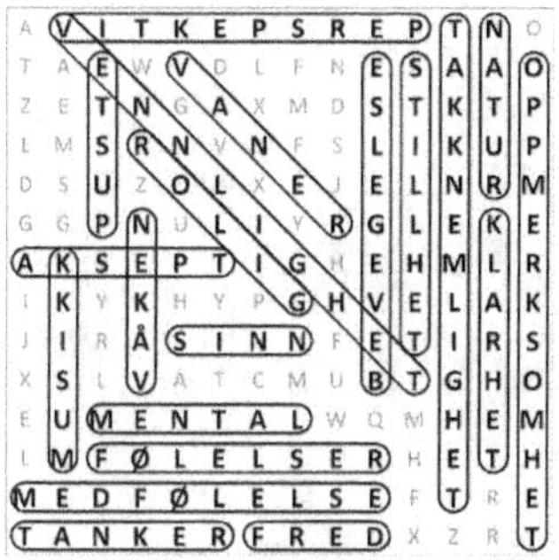

7 - Days and Months

8 - Energy

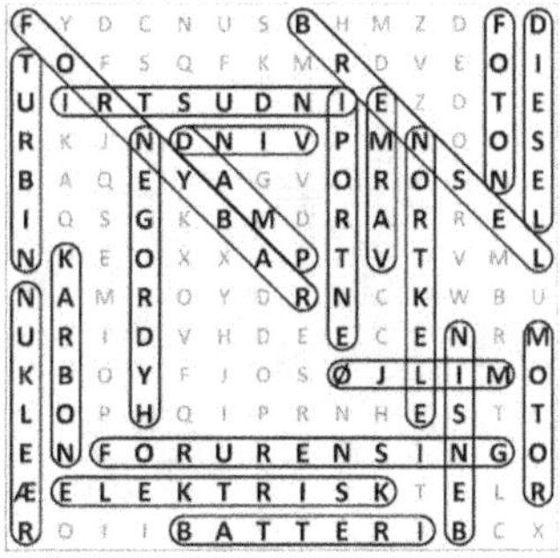

9 - Archeology

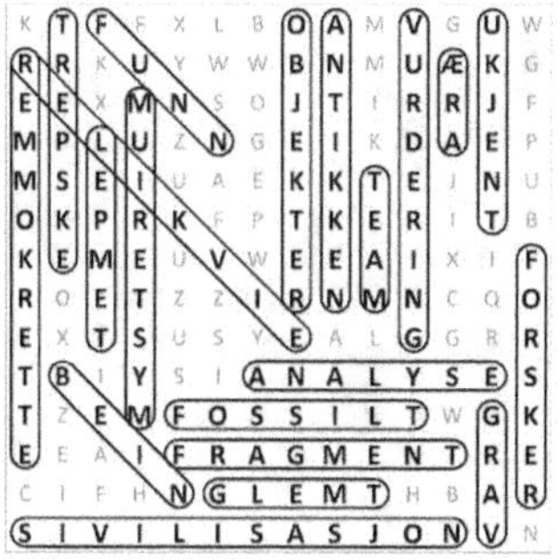

10 - Food #2

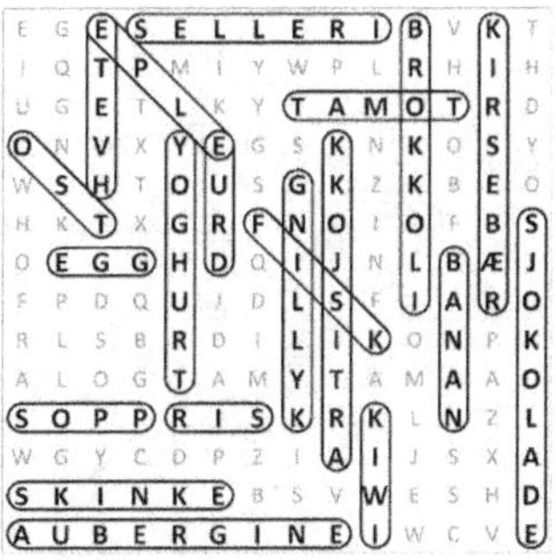

11 - Chemistry

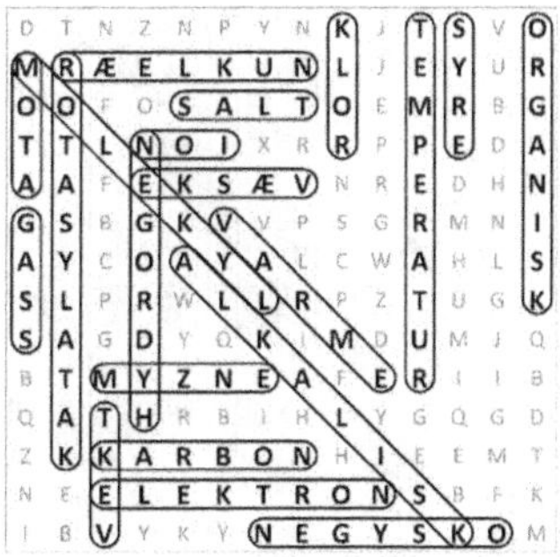

12 - Music

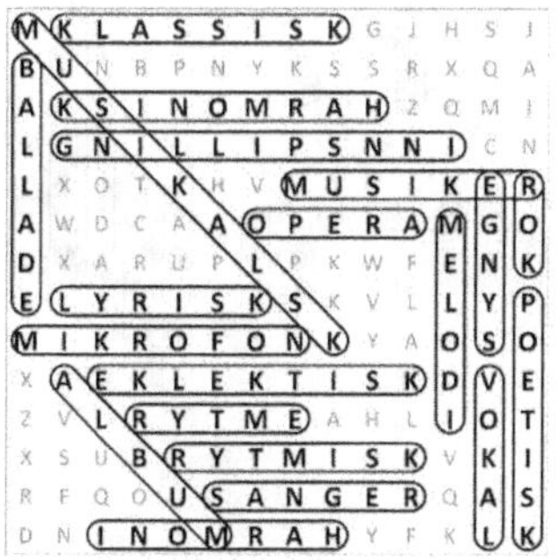

13 - Family

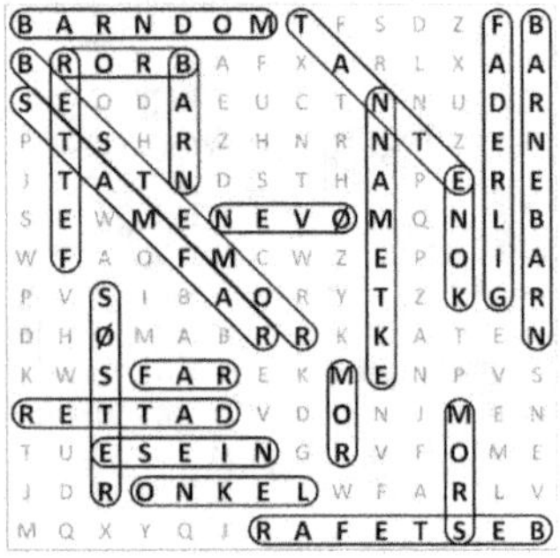

14 - Farm #1

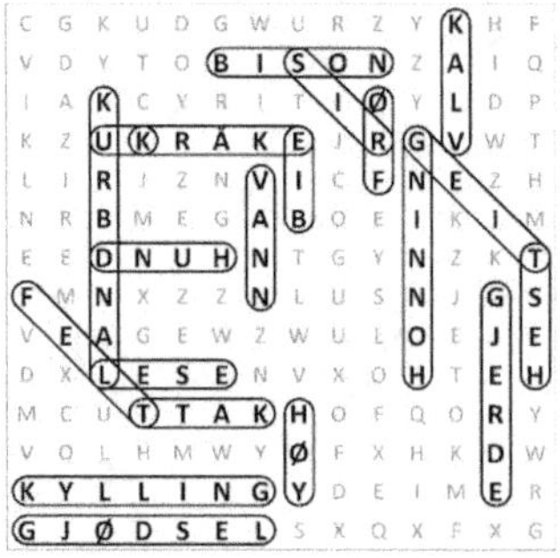

15 - Camping

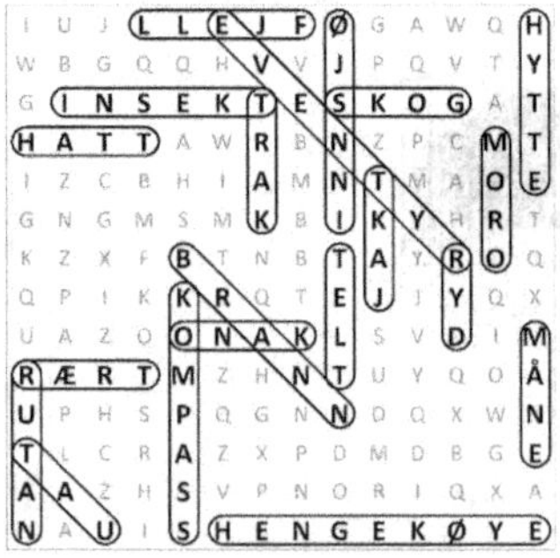

16 - Algebra

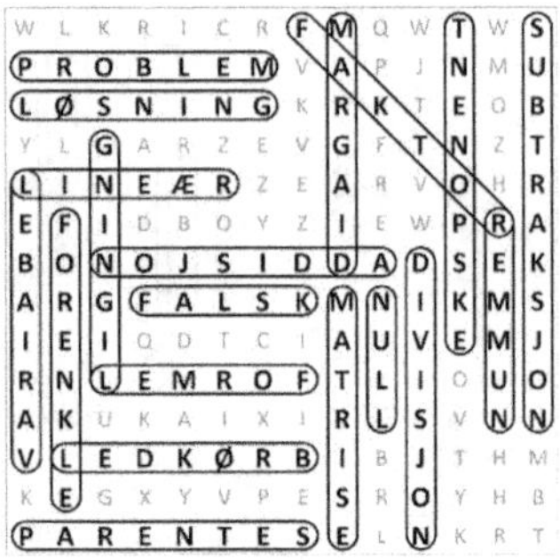

17 - Numbers

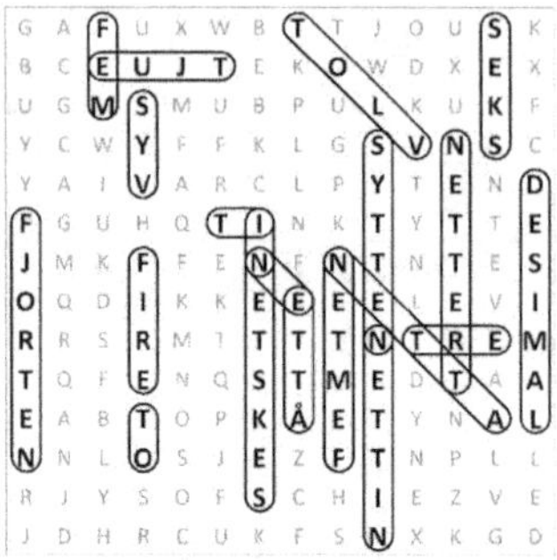

18 - Spices

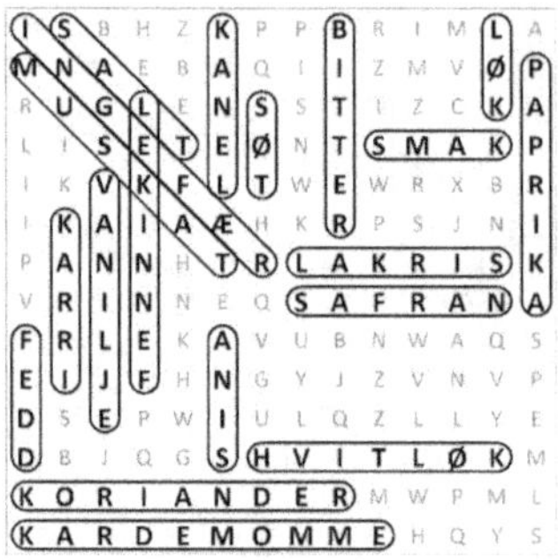

19 - Universe

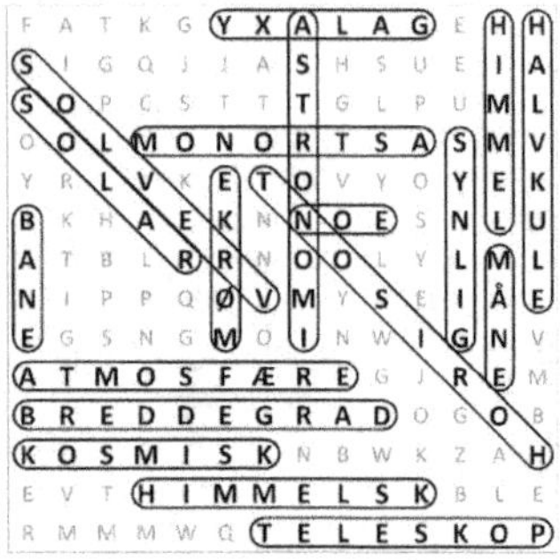

20 - Mammals

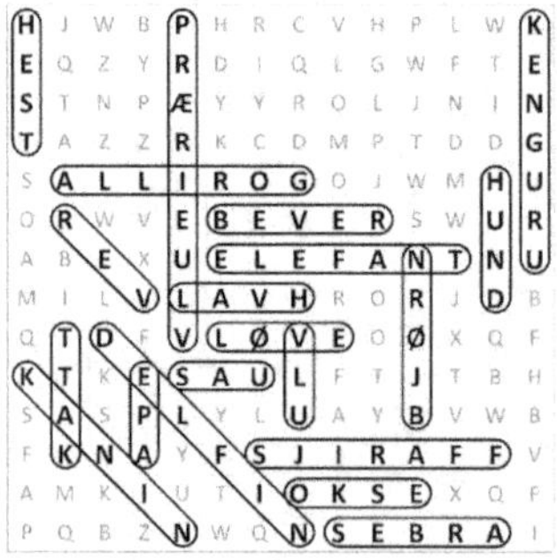

21 - Bees

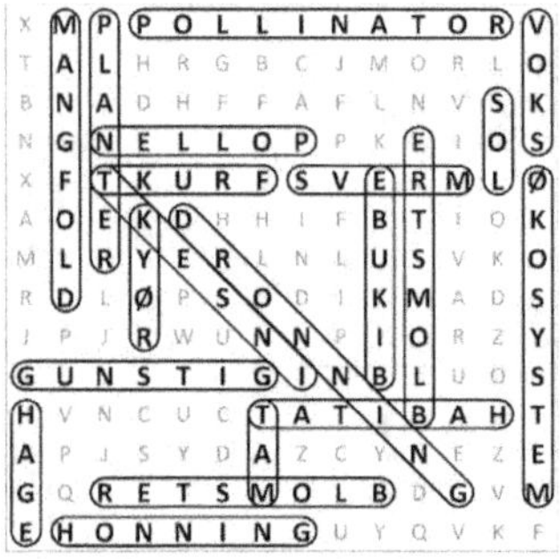

22 - Weather

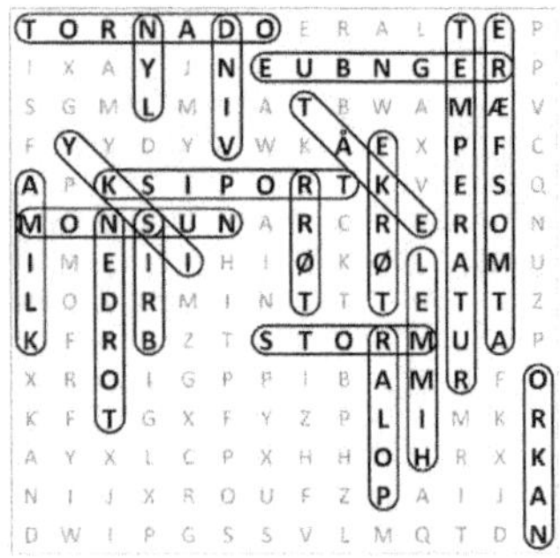

23 - Adventure

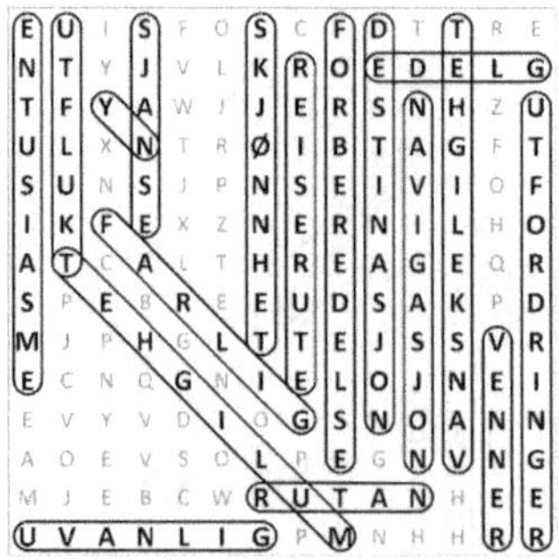

24 - Circus

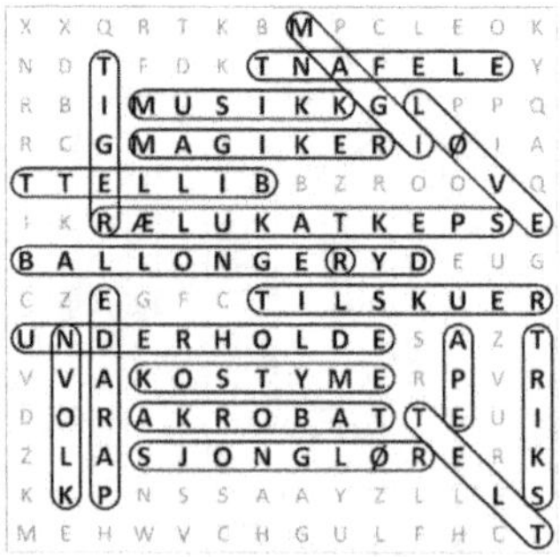

25 - Restaurant #2

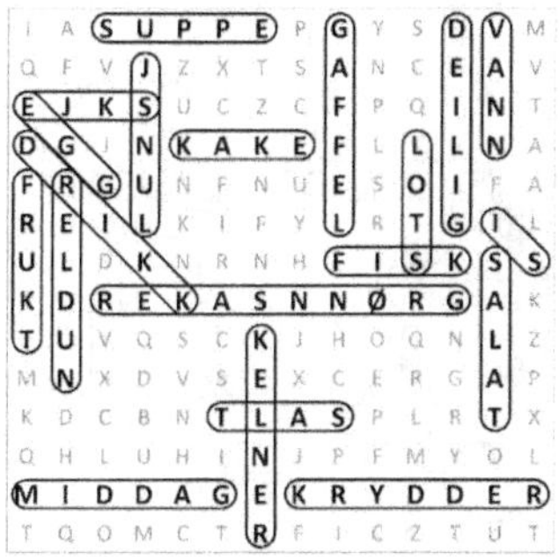

26 - Geology

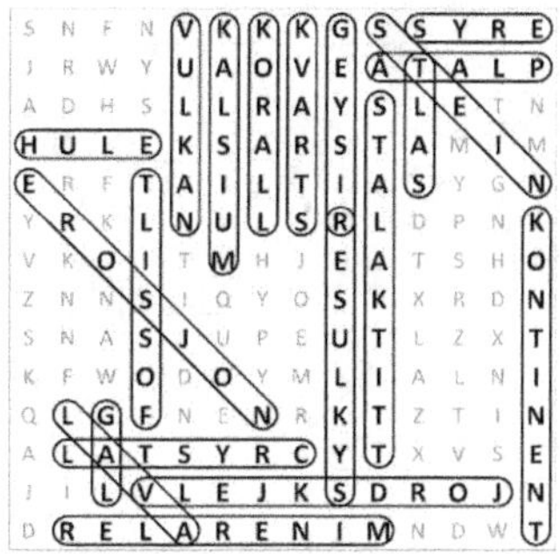

27 - House

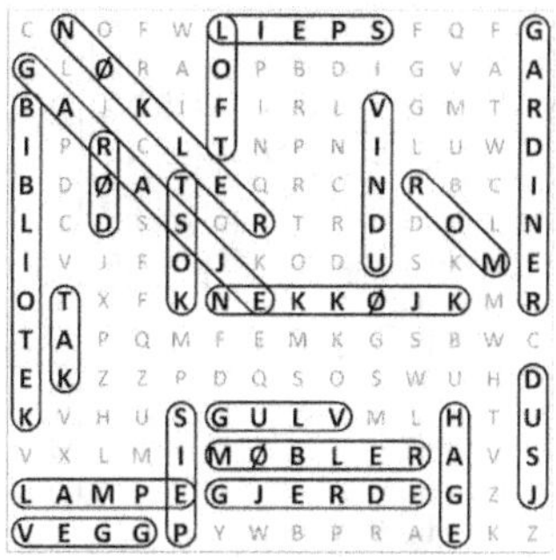

28 - Physics

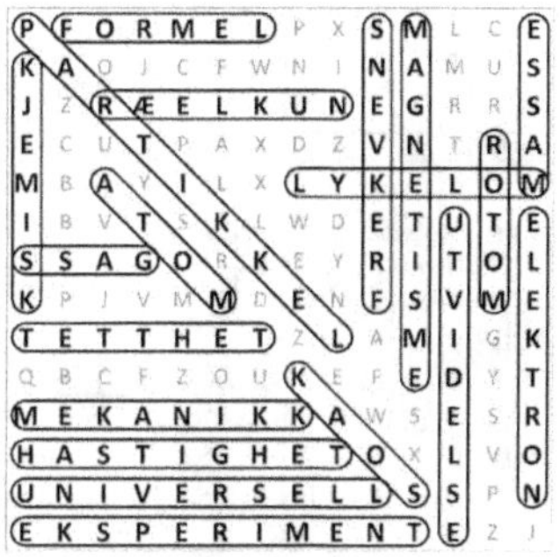

29 - Dance

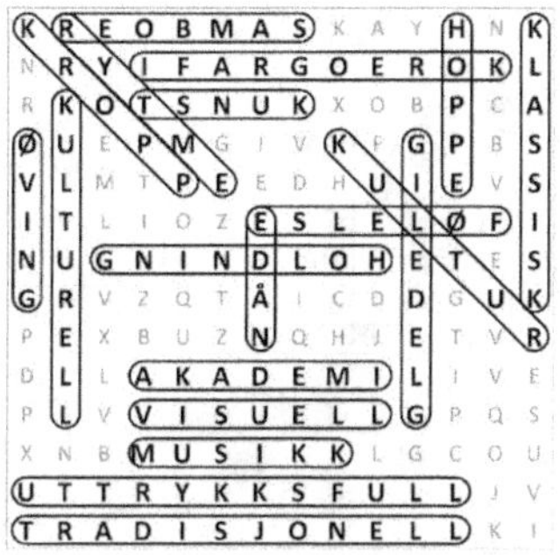

30 - Shapes

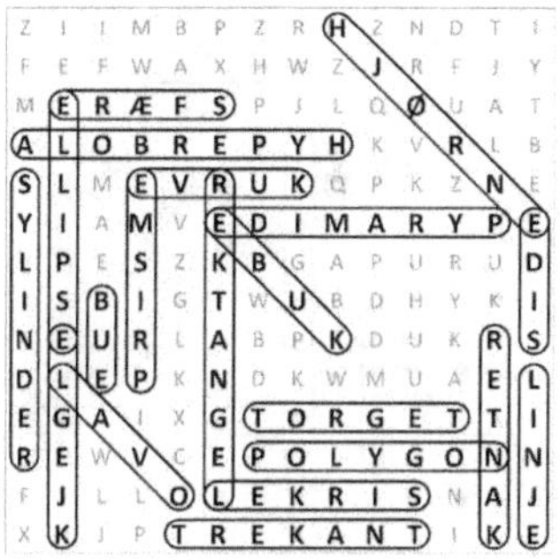

31 - Scientific Disciplines

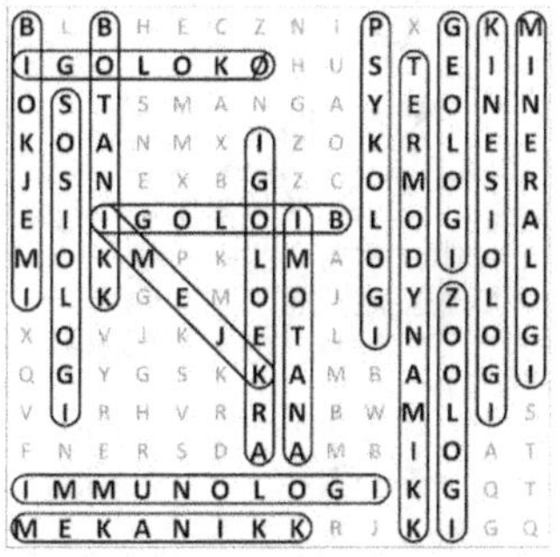

32 - Science

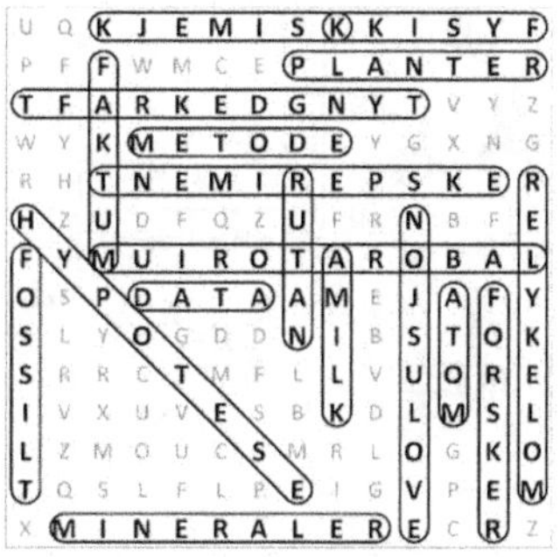

33 - Beauty

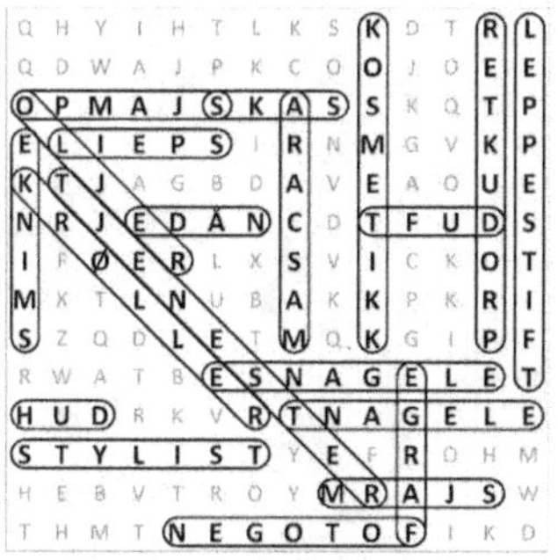

34 - Clothes

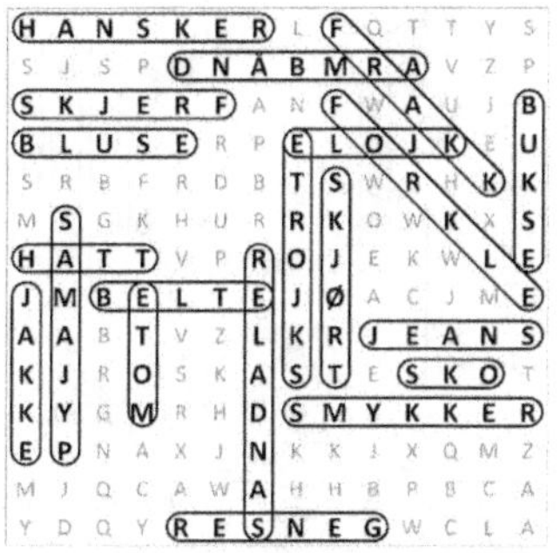

35 - Astronomy

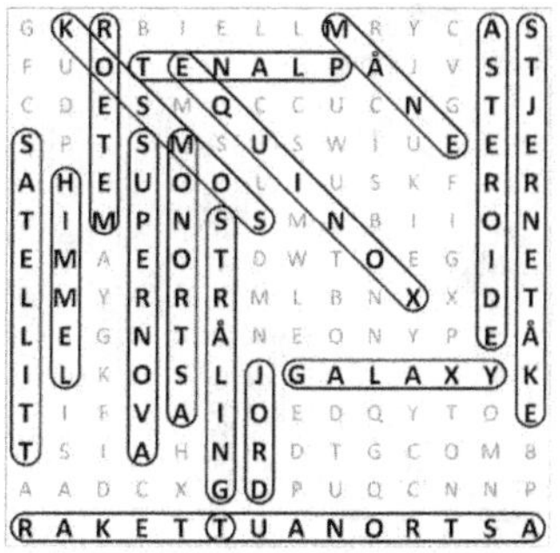

36 - Health and Wellness #2

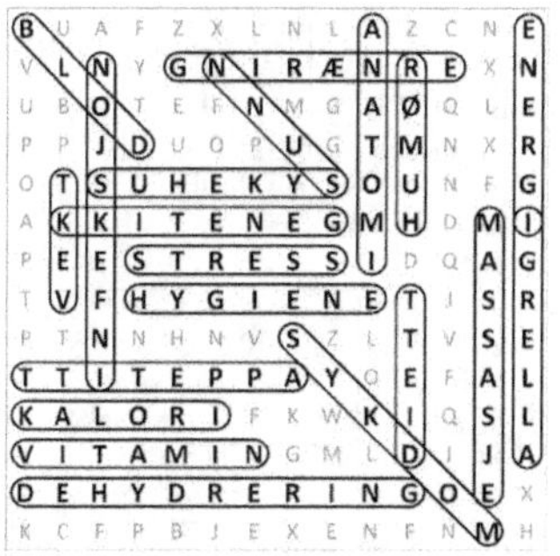

37 - Time

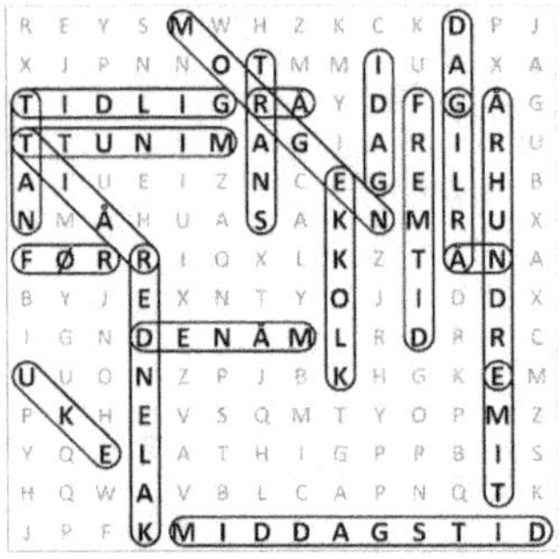

38 - Buildings

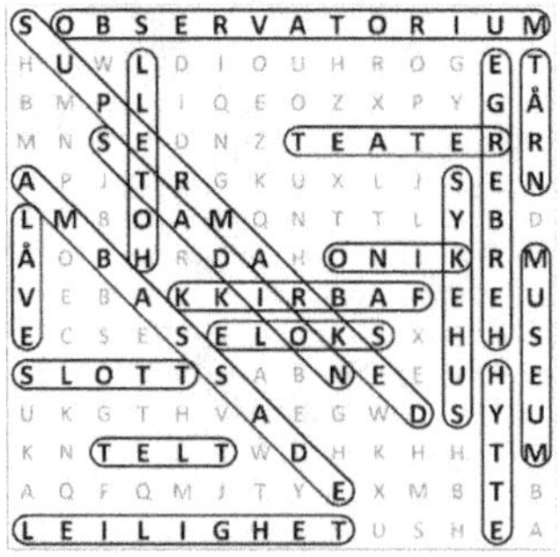

39 - Philanthropy

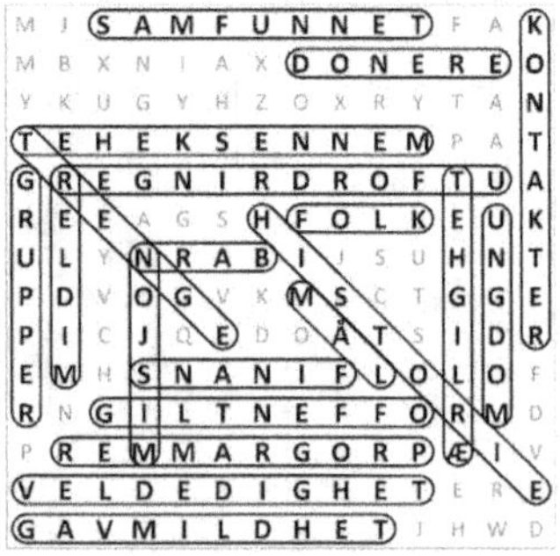

40 - Gardening

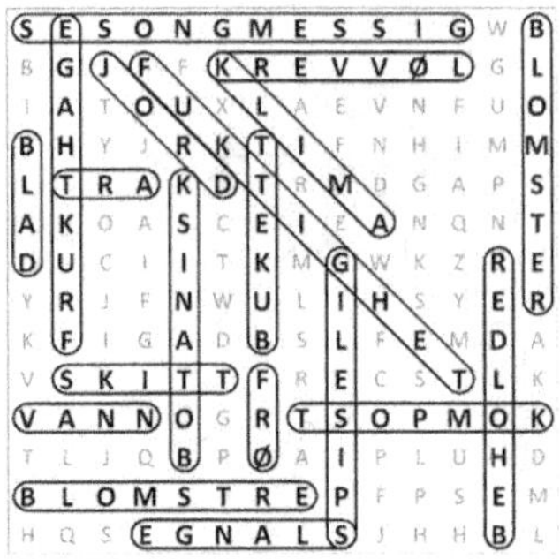

41 - Herbalism

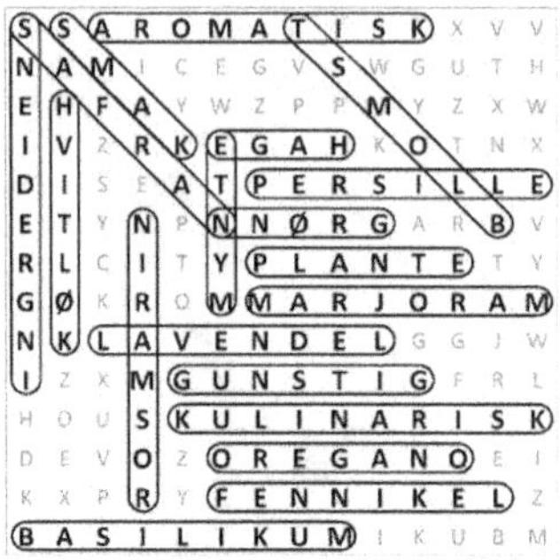

42 - Vehicles

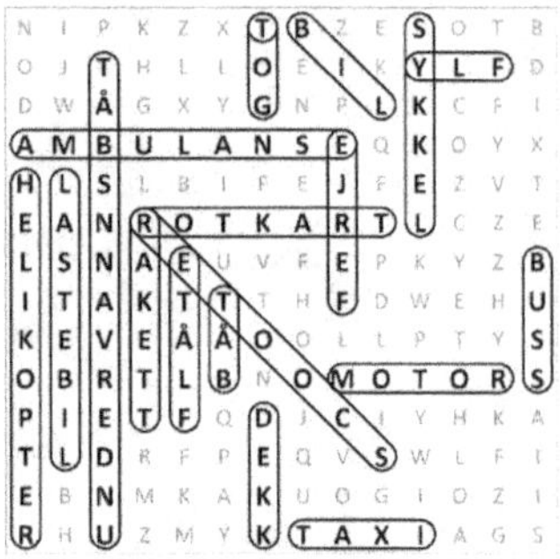

43 - Flowers

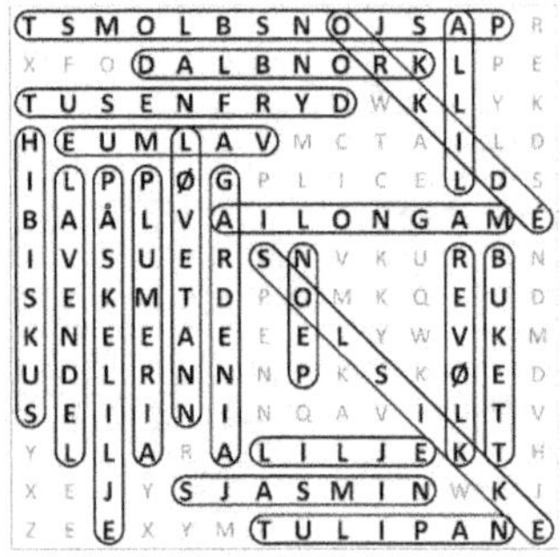

44 - Health and Wellness #1

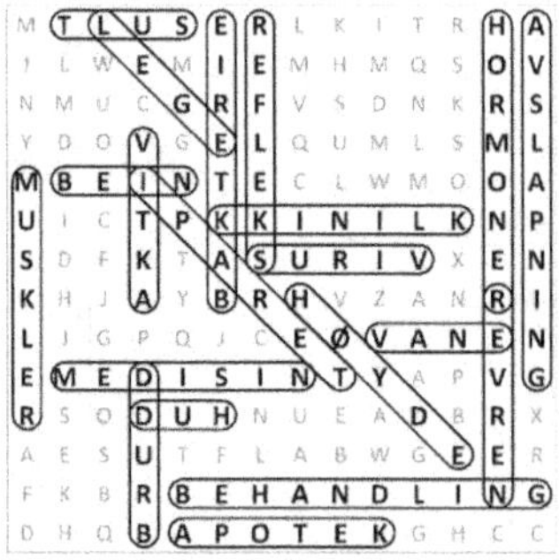

45 - Town

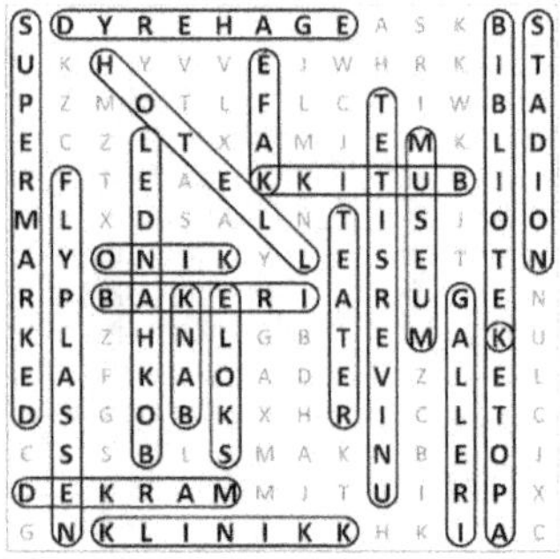

46 - Antarctica

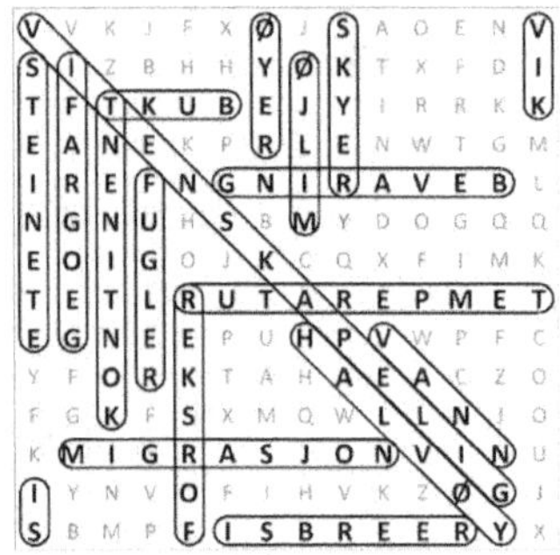

47 - Ballet

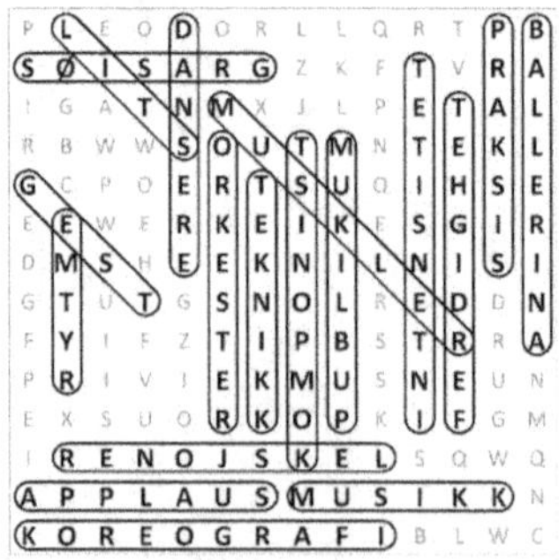

48 - Fashion

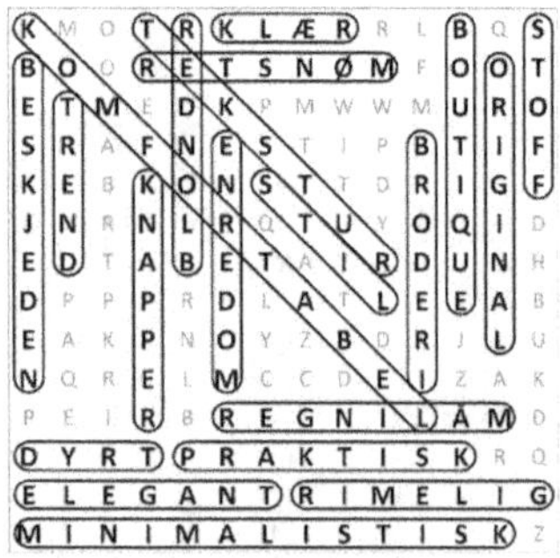

49 - Human Body

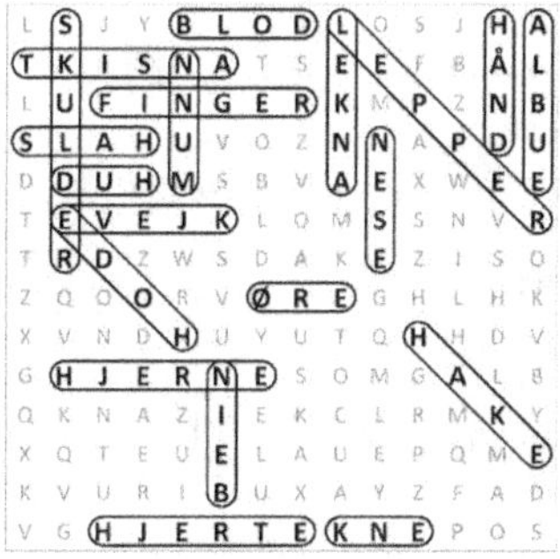

50 - Musical Instruments

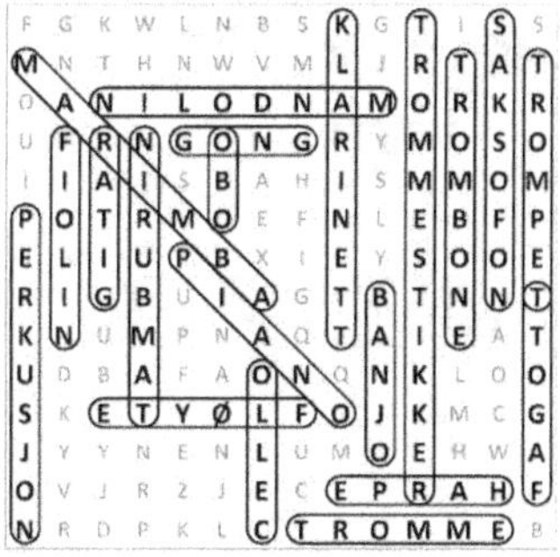

51 - Fruit

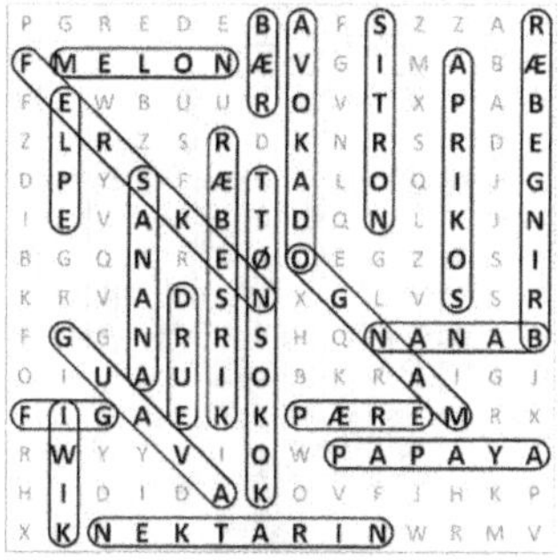

52 - Engineering

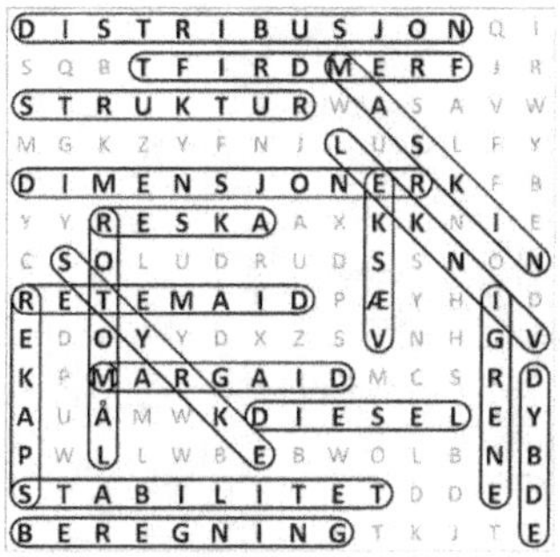

53 - Kitchen

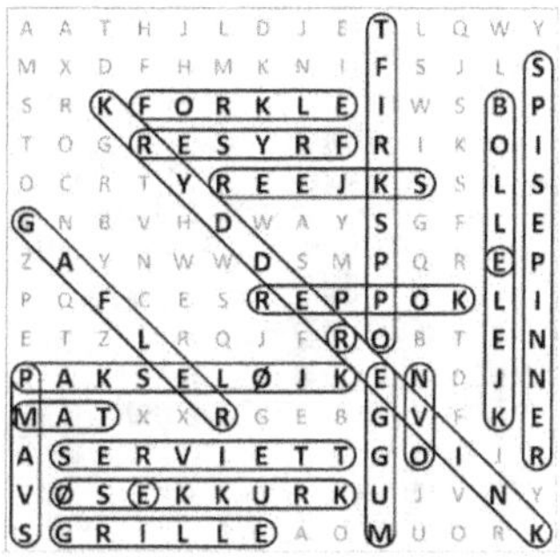

54 - Government

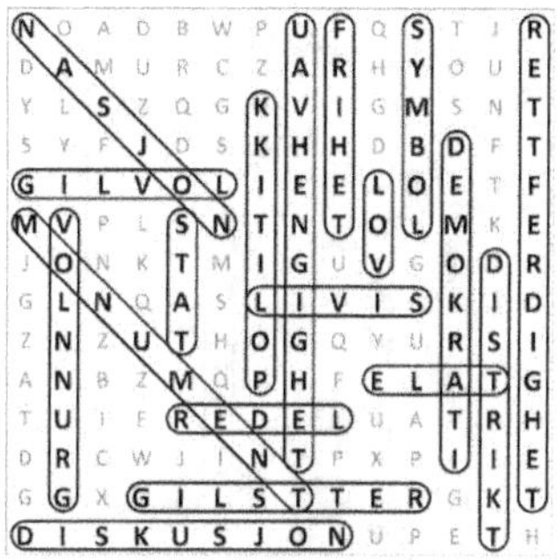

55 - Art Supplies

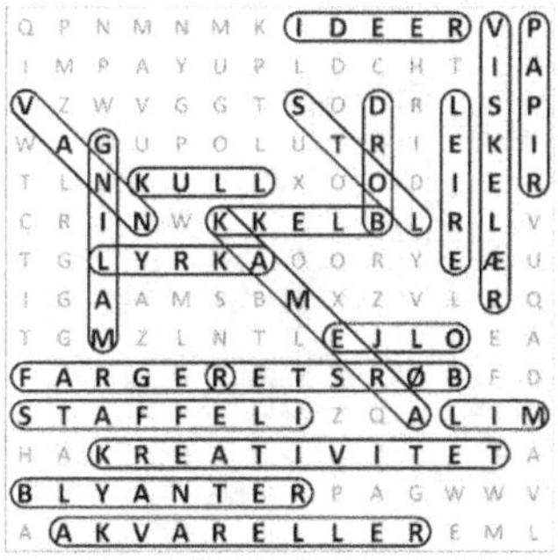

56 - Science Fiction

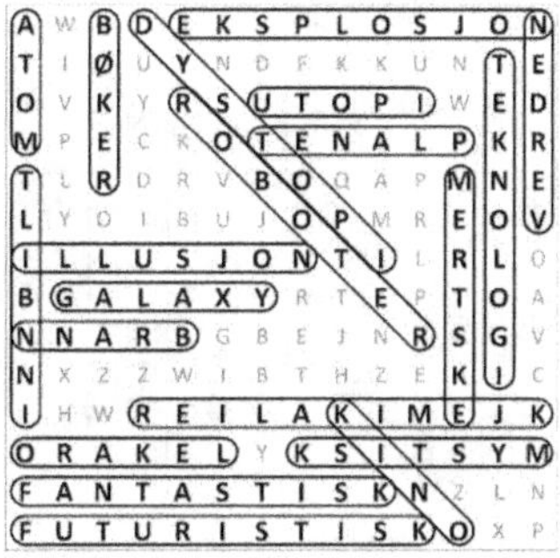

57 - Geometry

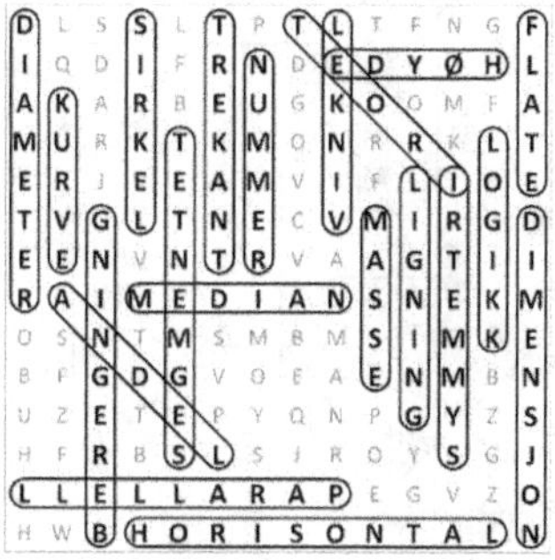

58 - Creativity

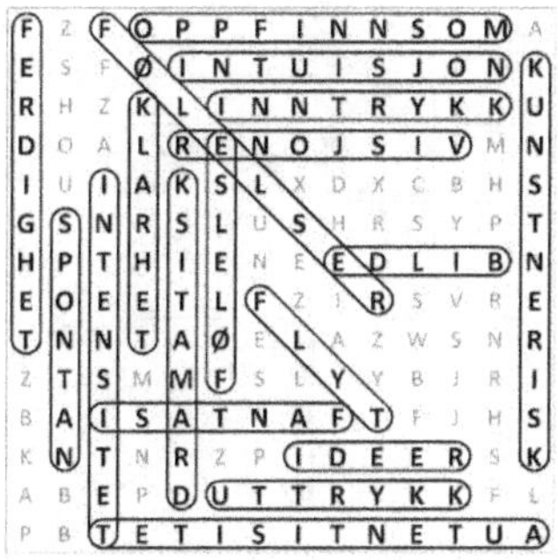

59 - Airplanes

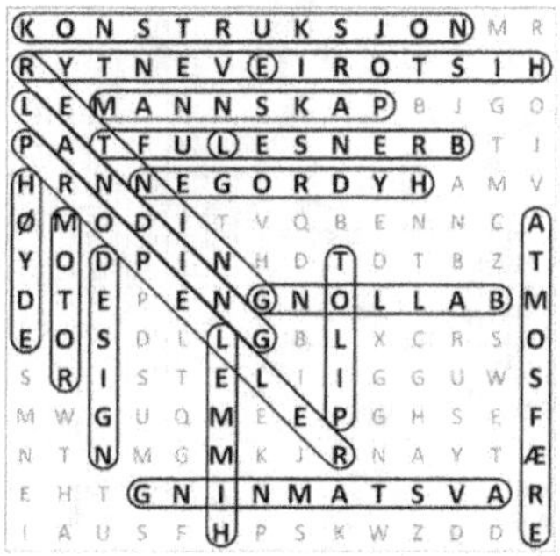

60 - Ocean

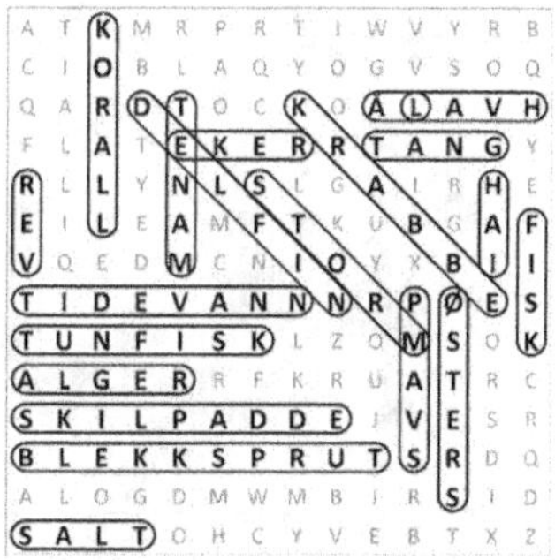

61 - Force and Gravity

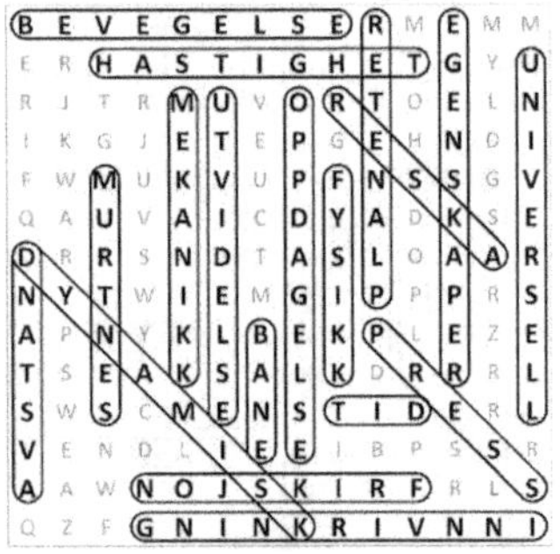

62 - Birds

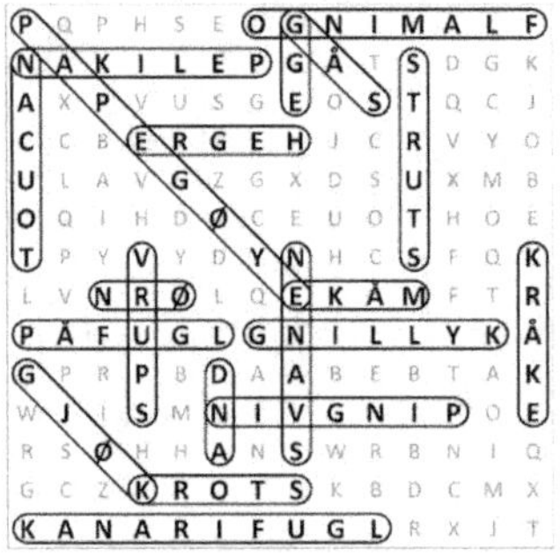

63 - Art

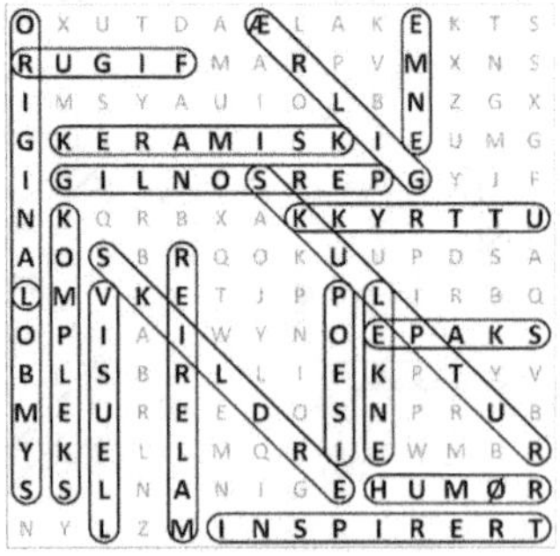

64 - Nutrition

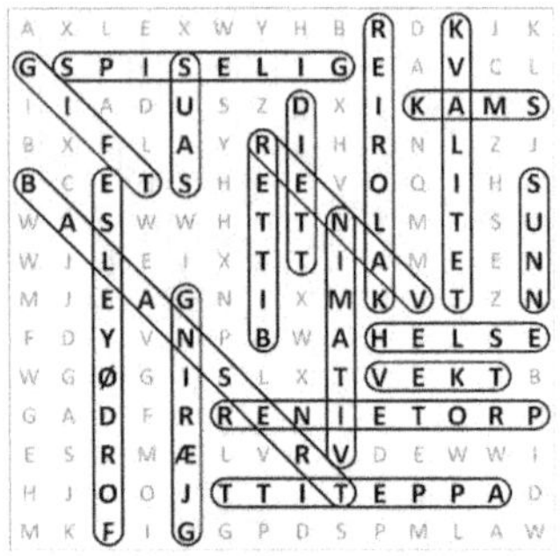

65 - Hiking

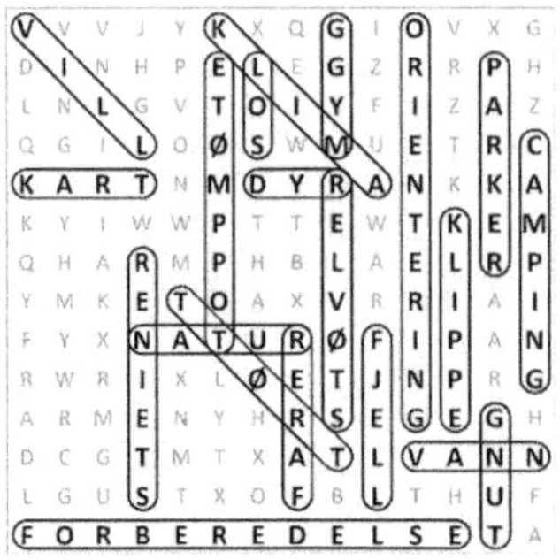

66 - Professions #1

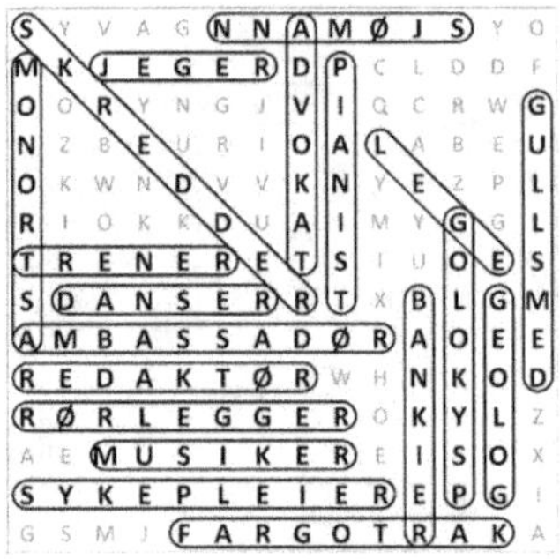

67 - Barbecues

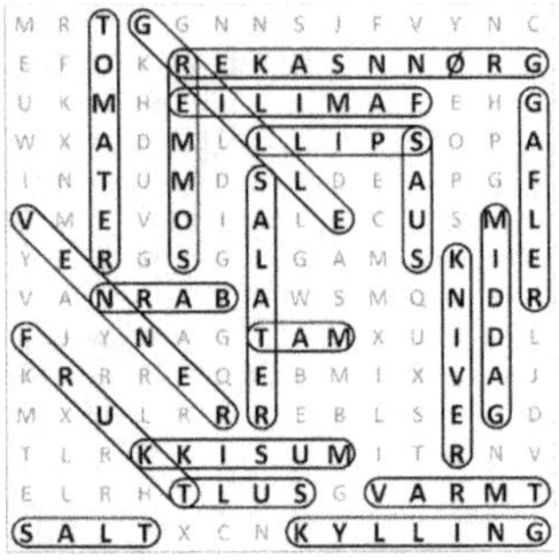

68 - Vegetables

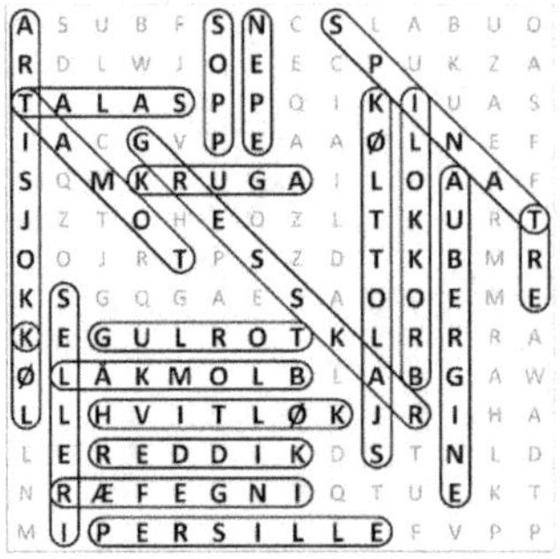

69 - The Media

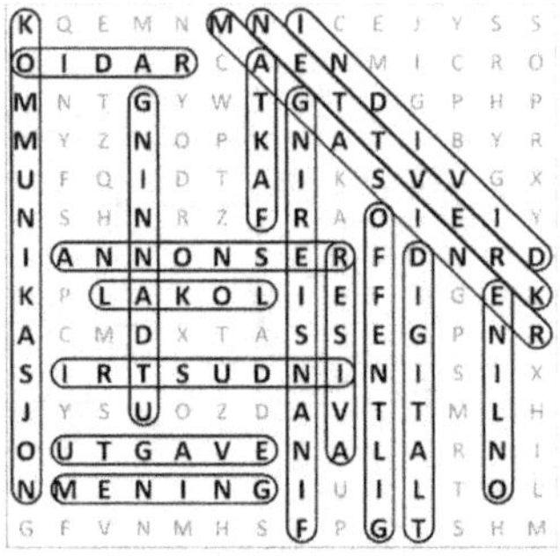

70 - Boats

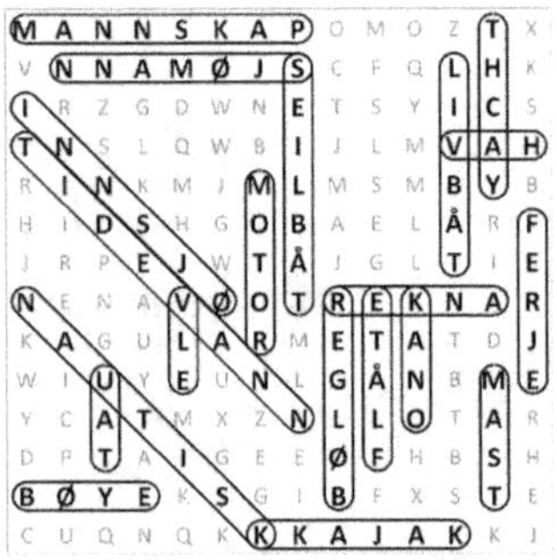

71 - Driving

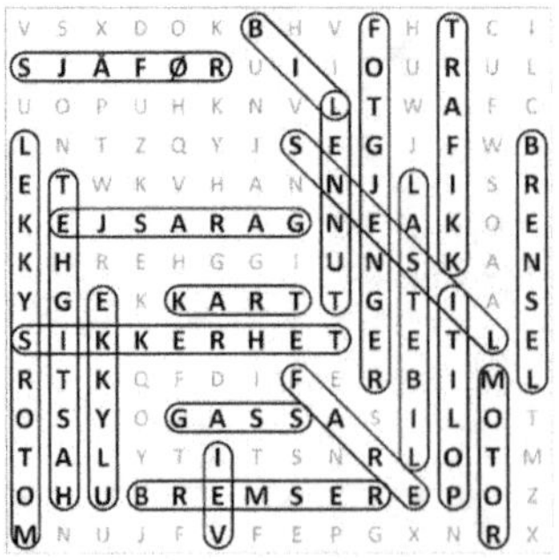

72 - Professions #2

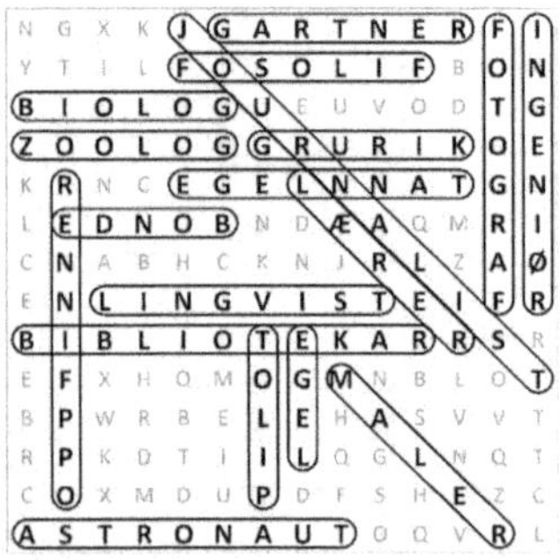

73 - Emotions

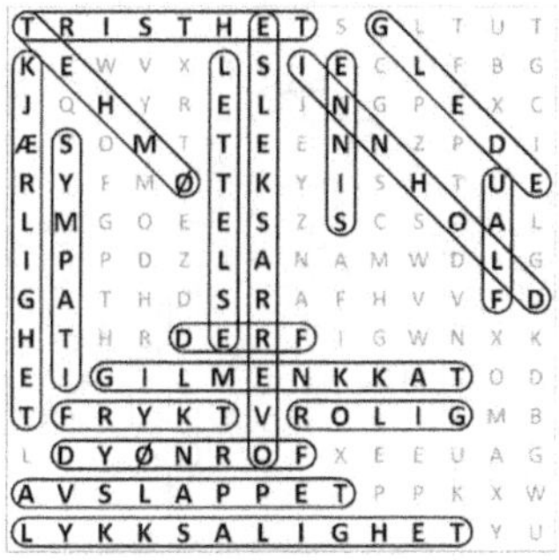

74 - Mythology

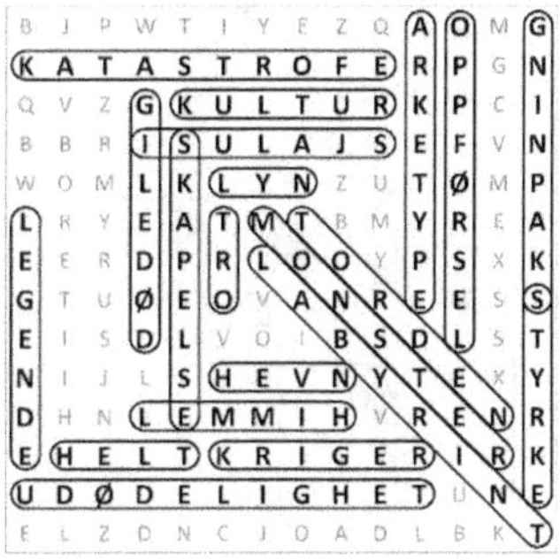

75 - Hair Types

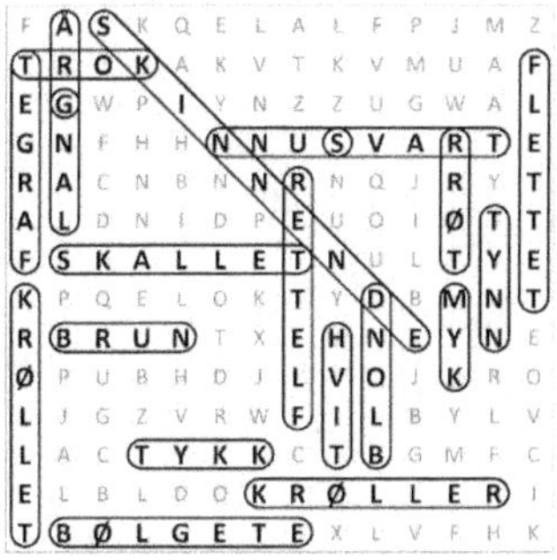

76 - Garden

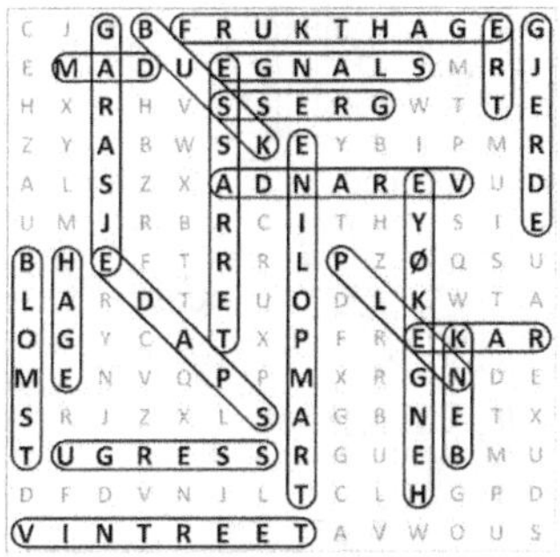

77 - Diplomacy

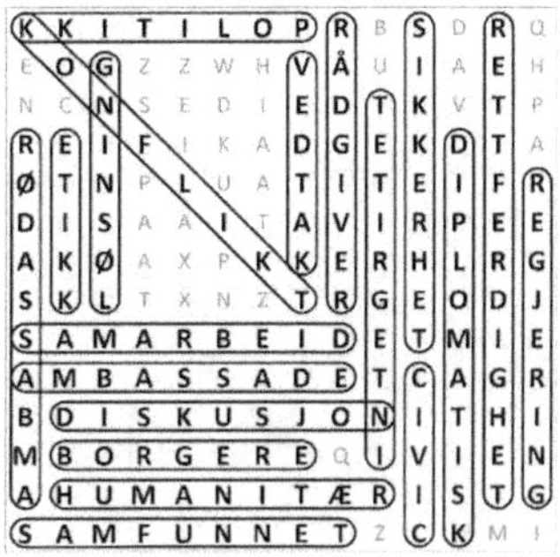

78 - Countries #1

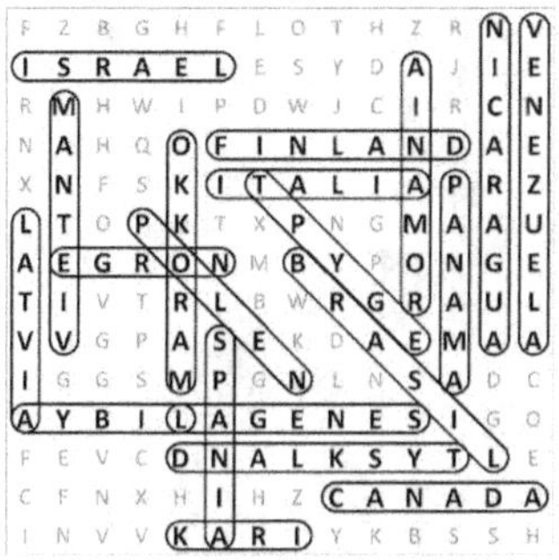

79 - Adjectives #1

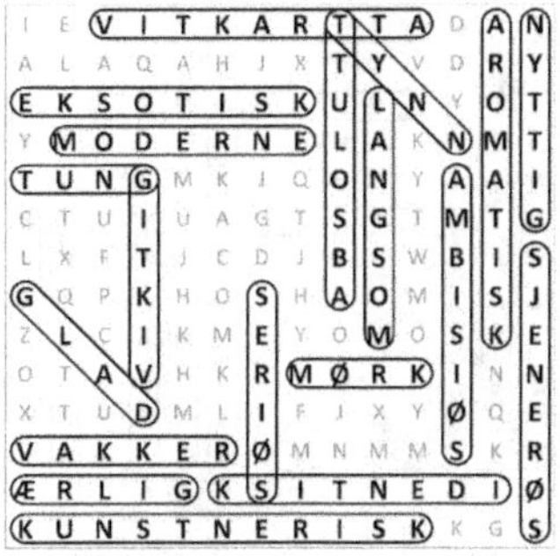

80 - Rainforest

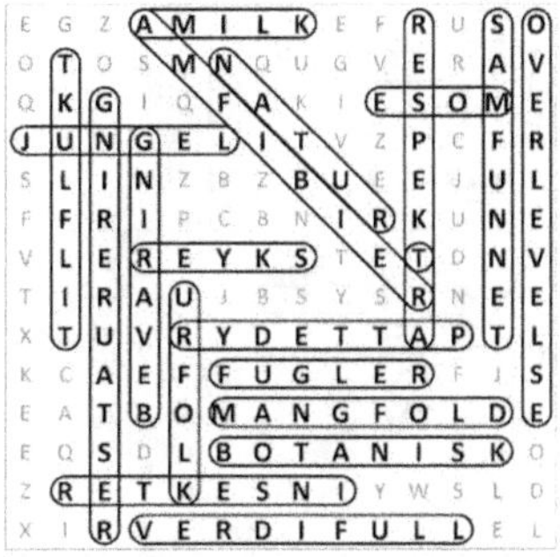

81 - Technology

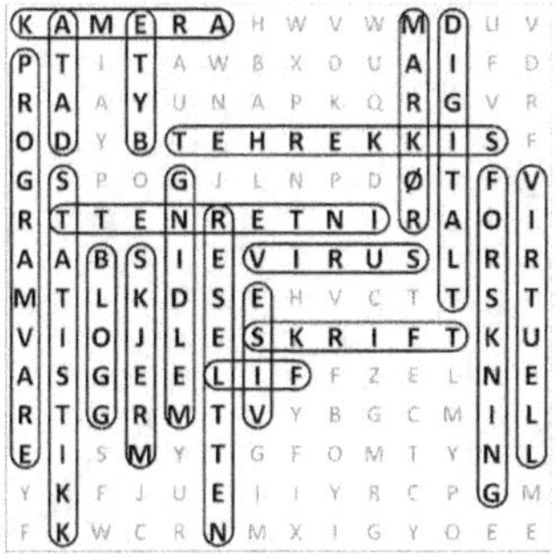

82 - Landscapes

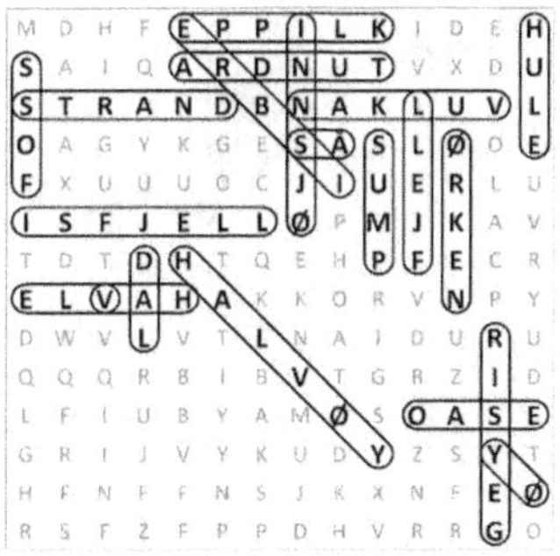

83 - Visual Arts

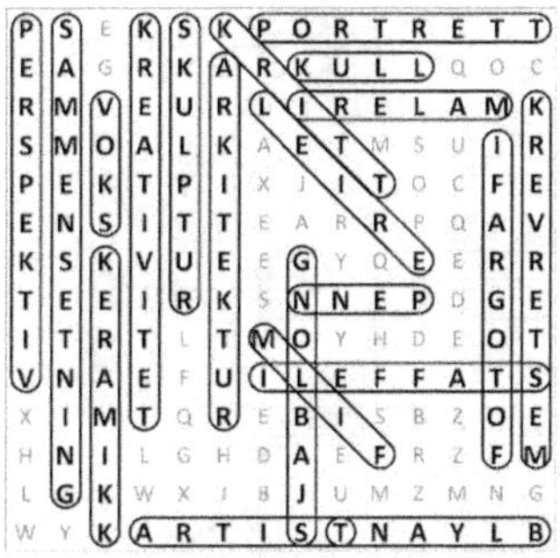

84 - Plants

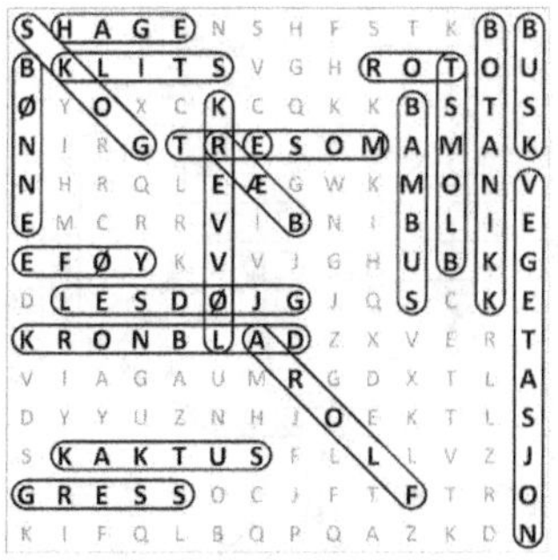

85 - Countries #2

86 - Ecology

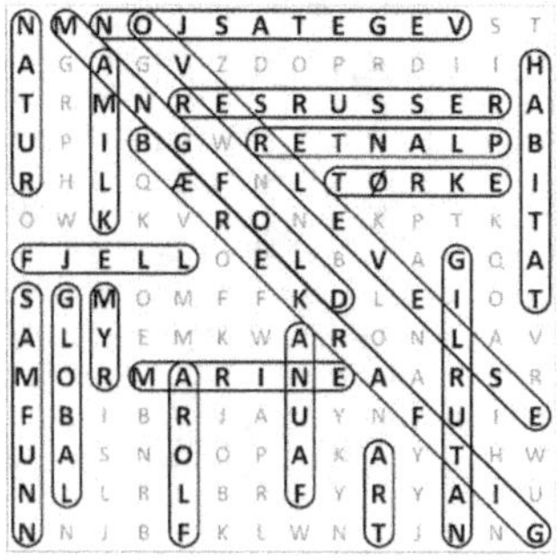

87 - Adjectives #2

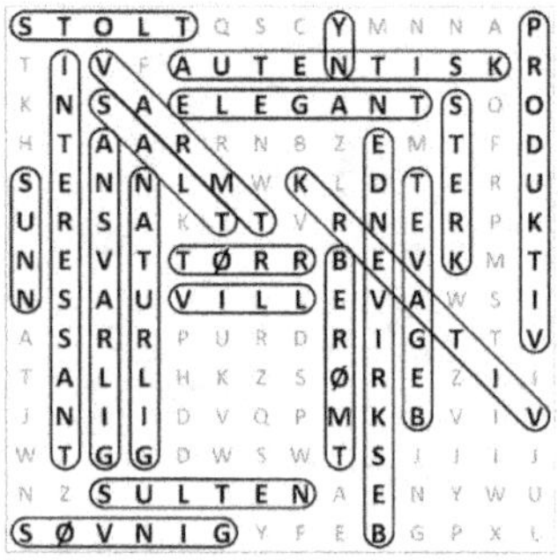

88 - Psychology

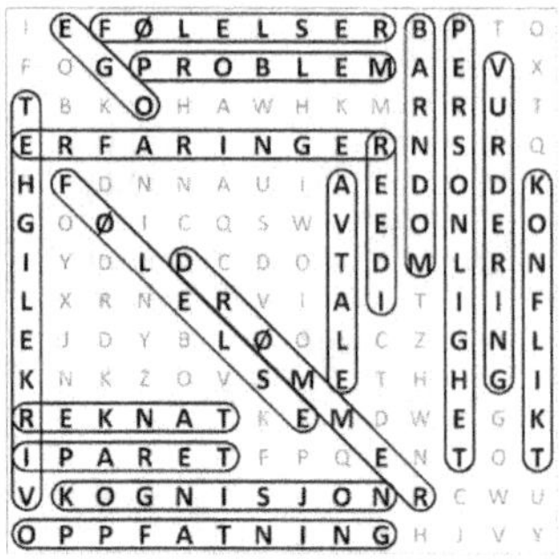

89 - Math

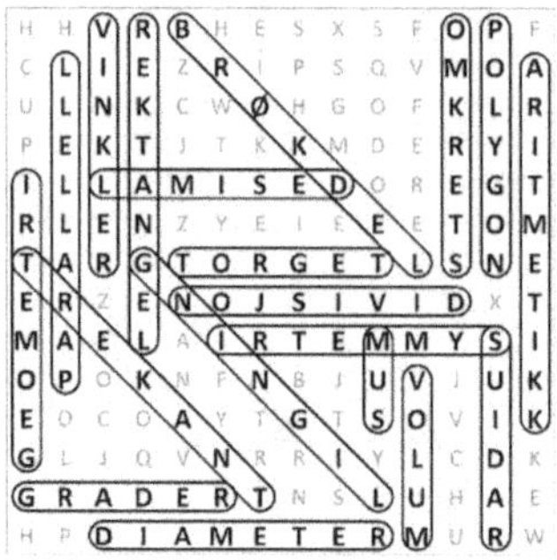

90 - Water

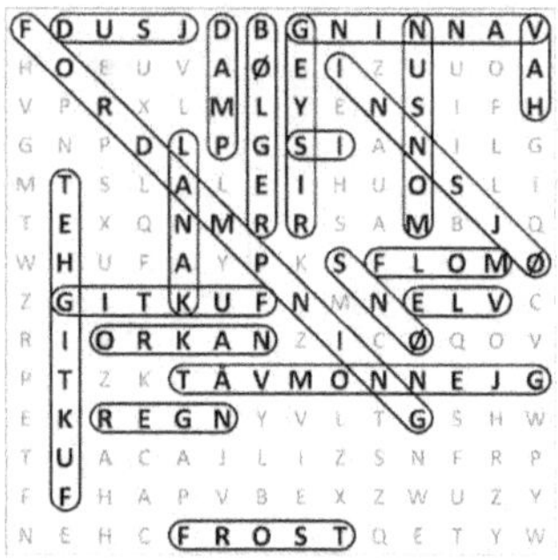

91 - Activities

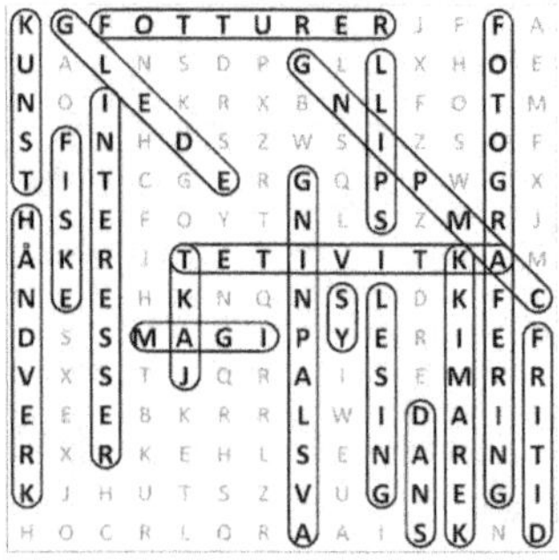

92 - Business

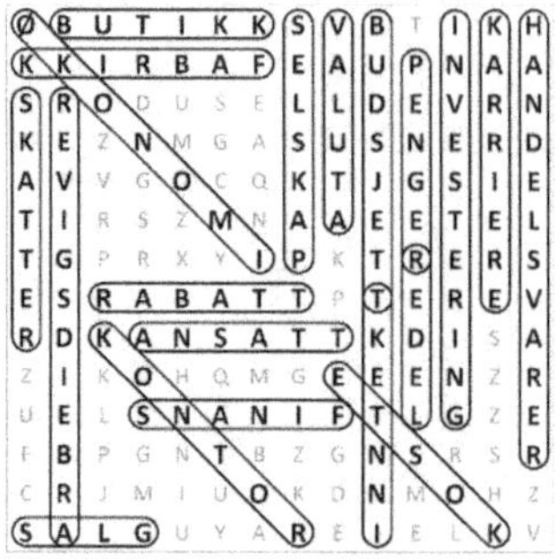

93 - The Company

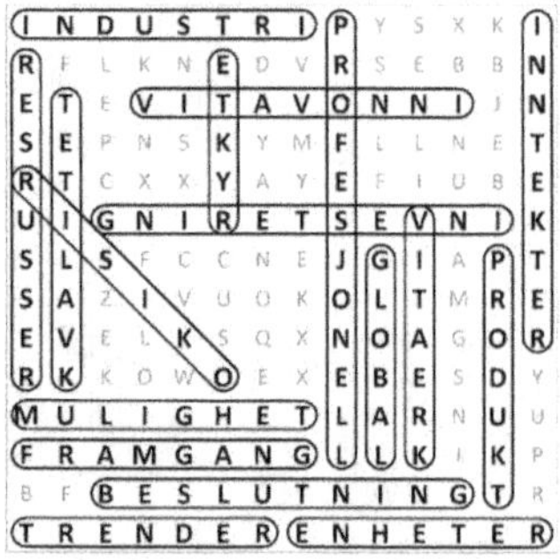

94 - Literature

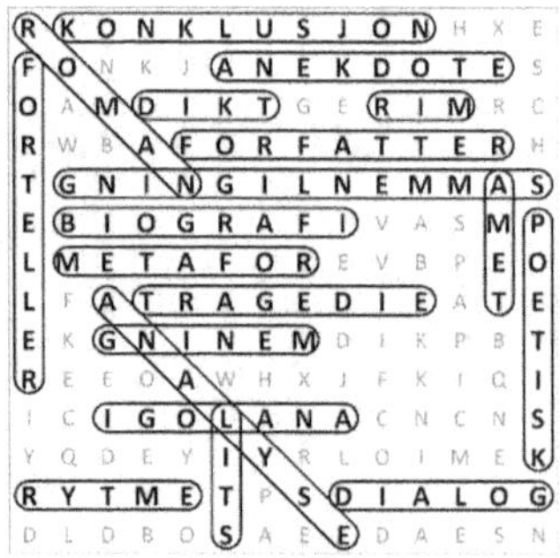

95 - Geography

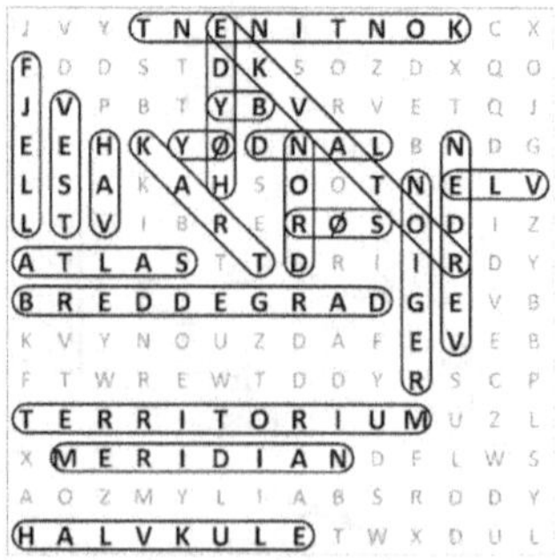

96 - Pets

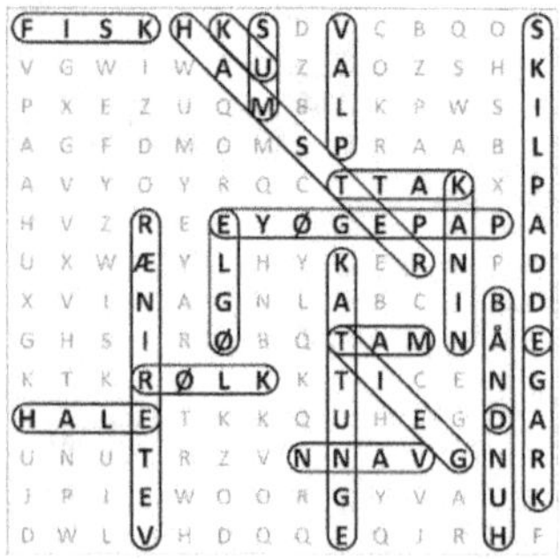

97 - Jazz

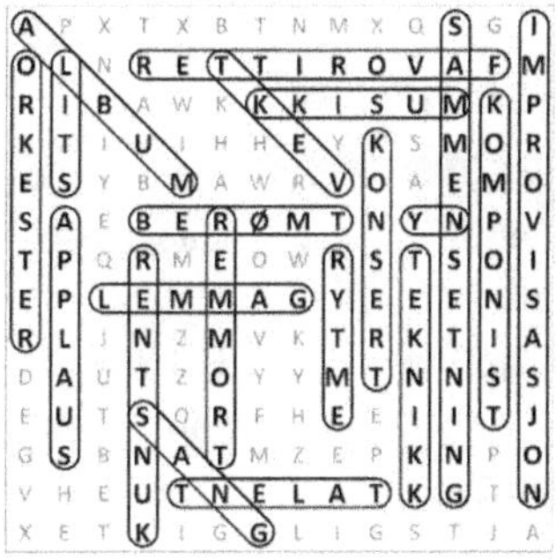

98 - Nature

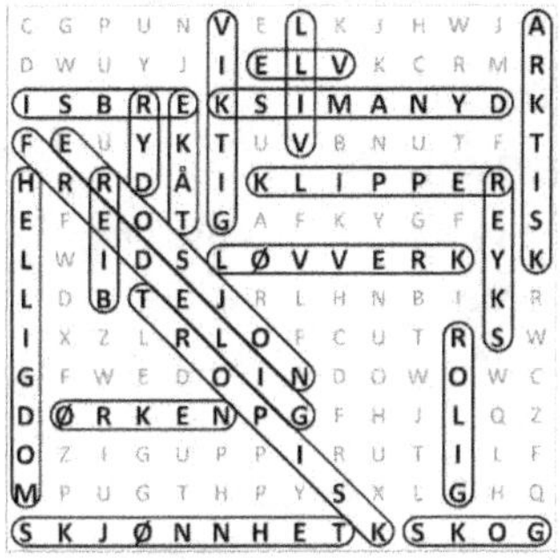

99 - Vacation #2

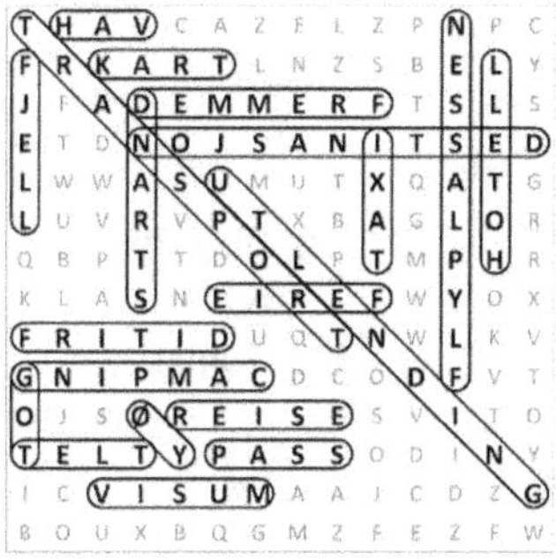

100 - Electricity

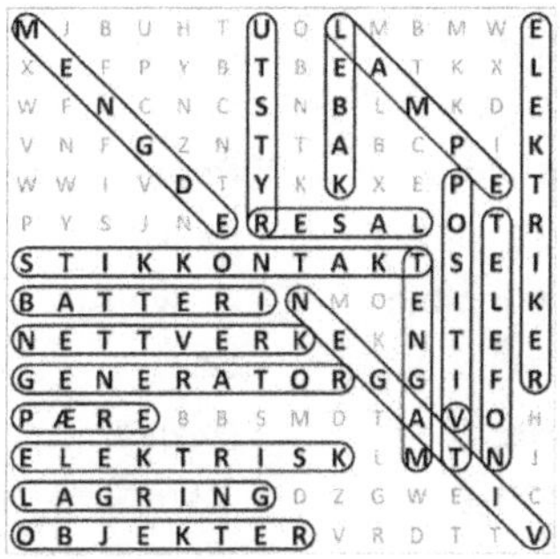

Dictionary

Activities
Aktiviteter

Activity	Aktivitet
Art	Kunst
Camping	Camping
Ceramics	Keramikk
Crafts	Håndverk
Dancing	Dans
Fishing	Fiske
Games	Spill
Gardening	Hagearbeid
Hiking	Fotturer
Hunting	Jakt
Interests	Interesser
Leisure	Fritid
Magic	Magi
Photography	Fotografering
Pleasure	Glede
Reading	Lesing
Relaxation	Avslapning
Sewing	Sy
Skill	Ferdighet

Adjectives #1
Adjektiver #1

Absolute	Absolutt
Ambitious	Ambisiøs
Aromatic	Aromatisk
Artistic	Kunstnerisk
Attractive	Attraktiv
Beautiful	Vakker
Dark	Mørk
Exotic	Eksotisk
Generous	Sjenerøs
Happy	Glad
Heavy	Tung
Helpful	Nyttig
Honest	Ærlig
Identical	Identisk
Important	Viktig
Modern	Moderne
Serious	Seriøs
Slow	Langsom
Thin	Tynn
Valuable	Verdifull

Adjectives #2
Adjektiver #2

Authentic	Autentisk
Creative	Kreativ
Descriptive	Beskrivende
Dry	Tørr
Elegant	Elegant
Famous	Berømt
Gifted	Begavet
Healthy	Sunn
Hot	Varmt
Hungry	Sulten
Interesting	Interessant
Natural	Naturlig
New	Ny
Productive	Produktiv
Proud	Stolt
Responsible	Ansvarlig
Salty	Salt
Sleepy	Søvnig
Strong	Sterk
Wild	Vill

Adventure
Eventyr

Activity	Aktivitet
Beauty	Skjønnhet
Challenges	Utfordringer
Chance	Sjanse
Dangerous	Farlig
Destination	Destinasjon
Difficulty	Vanskelighet
Enthusiasm	Entusiasme
Excursion	Utflukt
Friends	Venner
Itinerary	Reiserute
Joy	Glede
Nature	Natur
Navigation	Navigasjon
New	Ny
Opportunity	Mulighet
Preparation	Forberedelse
Safety	Sikkerhet
Surprising	Overraskende
Unusual	Uvanlig

Airplanes
Fly

Adventure	Eventyr
Air	Luft
Atmosphere	Atmosfære
Balloon	Ballong
Construction	Konstruksjon
Crew	Mannskap
Descent	Avstamning
Design	Design
Direction	Retning
Engine	Motor
Fuel	Brensel
Height	Høyde
History	Historie
Hydrogen	Hydrogen
Landing	Landing
Passenger	Passasjer
Pilot	Pilot
Propellers	Propeller
Sky	Himmel
Turbulence	Turbulens

Algebra
Algebra

Addition	Addisjon
Diagram	Diagram
Division	Divisjon
Equation	Ligning
Exponent	Eksponent
Factor	Faktor
False	Falsk
Formula	Formel
Fraction	Brøkdel
Infinite	Uendelig
Linear	Lineær
Matrix	Matrise
Number	Nummer
Parenthesis	Parentes
Problem	Problem
Simplify	Forenkle
Solution	Løsning
Subtraction	Subtraksjon
Variable	Variabel
Zero	Null

Antarctica
Antarktis

Bay	Bukt
Birds	Fugler
Clouds	Skyer
Conservation	Bevaring
Continent	Kontinent
Cove	Vik
Environment	Miljø
Expedition	Ekspedisjon
Geography	Geografi
Glaciers	Isbreer
Ice	Is
Islands	Øyer
Migration	Migrasjon
Peninsula	Halvøy
Researcher	Forsker
Rocky	Steinete
Scientific	Vitenskapelig
Temperature	Temperatur
Topography	Topografi
Water	Vann

Antiques
Antikviteter

Art	Kunst
Auction	Auksjon
Authentic	Autentisk
Century	Århundre
Coins	Mynter
Collector	Samler
Decorative	Dekorativ
Elegant	Elegant
Furniture	Møbler
Gallery	Galleri
Investment	Investering
Jewelry	Smykker
Old	Gammel
Price	Pris
Quality	Kvalitet
Restoration	Restaurering
Sculpture	Skulptur
Style	Stil
Unusual	Uvanlig
Value	Verdi

Archeology
Arkeologi

Analysis	Analyse
Antiquity	Antikken
Bones	Bein
Civilization	Sivilisasjon
Descendant	Etterkommer
Era	Æra
Evaluation	Vurdering
Expert	Ekspert
Findings	Funn
Forgotten	Glemt
Fossil	Fossilt
Fragments	Fragment
Mystery	Mysterium
Objects	Objekter
Relic	Relikvie
Researcher	Forsker
Team	Team
Temple	Tempel
Tomb	Grav
Unknown	Ukjent

Art
Kunst

Ceramic	Keramisk
Complex	Kompleks
Composition	Sammensetning
Create	Skape
Expression	Uttrykk
Figure	Figur
Honest	Ærlig
Inspired	Inspirert
Mood	Humør
Original	Original
Paintings	Malerier
Personal	Personlig
Poetry	Poesi
Portray	Skildre
Sculpture	Skulptur
Simple	Enkel
Subject	Emne
Surrealism	Surrealisme
Symbol	Symbol
Visual	Visuell

Art Supplies
Kunst Forsyninger

Acrylic	Akryl
Brushes	Børster
Camera	Kamera
Chair	Stol
Charcoal	Kull
Clay	Leire
Colors	Farger
Creativity	Kreativitet
Easel	Staffeli
Eraser	Viskelær
Glue	Lim
Ideas	Ideer
Ink	Blekk
Oil	Olje
Paints	Maling
Paper	Papir
Pencils	Blyanter
Table	Bord
Water	Vann
Watercolors	Akvareller

Astronomy
Astronomi

Asteroid	Asteroide
Astronaut	Astronaut
Astronomer	Astronom
Constellation	Konstellasjon
Cosmos	Kosmos
Earth	Jord
Eclipse	Formørkelse
Equinox	Equinox
Galaxy	Galaxy
Meteor	Meteor
Moon	Måne
Nebula	Stjernetåke
Observatory	Observatorium
Planet	Planet
Radiation	Stråling
Rocket	Rakett
Satellite	Satellitt
Sky	Himmel
Supernova	Supernova
Zodiac	Dyrekretsen

Ballet
Ballett

Applause	Applaus
Artistic	Kunstnerisk
Audience	Publikum
Ballerina	Ballerina
Choreography	Koreografi
Composer	Komponist
Dancers	Dansere
Expressive	Uttrykksfull
Gesture	Gest
Graceful	Grasiøs
Intensity	Intensitet
Lessons	Leksjoner
Muscles	Muskler
Music	Musikk
Orchestra	Orkester
Practice	Praksis
Rhythm	Rytme
Skill	Ferdighet
Style	Stil
Technique	Teknikk

Barbecues
Grilling

Chicken	Kylling
Children	Barn
Dinner	Middag
Family	Familie
Food	Mat
Forks	Gafler
Friends	Venner
Fruit	Frukt
Games	Spill
Grill	Grille
Hot	Varmt
Hunger	Sult
Knives	Kniver
Music	Musikk
Salads	Salater
Salt	Salt
Sauce	Saus
Summer	Sommer
Tomatoes	Tomater
Vegetables	Grønnsaker

Beauty
Skjønnhet

Charm	Sjarm
Color	Farge
Cosmetics	Kosmetikk
Curls	Krøller
Elegance	Eleganse
Elegant	Elegant
Fragrance	Duft
Grace	Nåde
Lipstick	Leppestift
Makeup	Sminke
Mascara	Mascara
Mirror	Speil
Oils	Oljer
Photogenic	Fotogen
Products	Produkter
Scissors	Saks
Services	Tjenester
Shampoo	Sjampo
Skin	Hud
Stylist	Stylist

Bees
Bier

Beneficial	Gunstig
Blossom	Blomstre
Diversity	Mangfold
Ecosystem	Økosystem
Flowers	Blomster
Food	Mat
Fruit	Frukt
Garden	Hage
Habitat	Habitat
Hive	Bikube
Honey	Honning
Insect	Insekt
Plants	Planter
Pollen	Pollen
Pollinator	Pollinator
Queen	Dronning
Smoke	Røyk
Sun	Sol
Swarm	Sverm
Wax	Voks

Birds
Fugler

Canary	Kanarifugl
Chicken	Kylling
Crow	Kråke
Cuckoo	Gjøk
Duck	And
Eagle	Ørn
Egg	Egg
Flamingo	Flamingo
Goose	Gås
Gull	Måke
Heron	Hegre
Ostrich	Struts
Parrot	Papegøye
Peacock	Påfugl
Pelican	Pelikan
Penguin	Pingvin
Sparrow	Spurv
Stork	Stork
Swan	Svanen
Toucan	Toucan

Boats
Båter

Anchor	Anker
Buoy	Bøye
Canoe	Kano
Crew	Mannskap
Engine	Motor
Ferry	Ferje
Kayak	Kajakk
Lake	Innsjø
Lifeboat	Livbåt
Mast	Mast
Nautical	Nautisk
Raft	Flåte
River	Elv
Rope	Tau
Sailboat	Seilbåt
Sailor	Sjømann
Sea	Hav
Tide	Tidevann
Waves	Bølger
Yacht	Yacht

Books
Reserve

Adventure	Eventyr
Author	Forfatter
Collection	Samling
Context	Kontekst
Duality	Dualitet
Epic	Episk
Historical	Historisk
Humorous	Humoristisk
Inventive	Oppfinnsom
Literary	Litterær
Narrator	Forteller
Novel	Roman
Page	Side
Poem	Dikt
Poetry	Poesi
Reader	Leser
Relevant	Aktuell
Story	Historie
Tragic	Tragisk
Written	Skrevet

Buildings
Bygningsmasse

Apartment	Leilighet
Barn	Låve
Cabin	Hytte
Castle	Slott
Cinema	Kino
Embassy	Ambassade
Factory	Fabrikk
Hospital	Sykehus
Hostel	Herberge
Hotel	Hotell
Laboratory	Laboratorium
Museum	Museum
Observatory	Observatorium
School	Skole
Stadium	Stadion
Supermarket	Supermarked
Tent	Telt
Theater	Teater
Tower	Tårn
University	Universitet

Business
Forretninger

Budget	Budsjett
Career	Karriere
Company	Selskap
Cost	Koste
Currency	Valuta
Discount	Rabatt
Economics	Økonomi
Employee	Ansatt
Employer	Arbeidsgiver
Factory	Fabrikk
Finance	Finans
Income	Inntekt
Investment	Investering
Manager	Leder
Merchandise	Handelsvarer
Money	Penger
Office	Kontor
Sale	Salg
Shop	Butikk
Taxes	Skatter

Camping
Camping

Adventure	Eventyr
Animals	Dyr
Cabin	Hytte
Canoe	Kano
Compass	Kompass
Fire	Brann
Forest	Skog
Fun	Moro
Hammock	Hengekøye
Hat	Hatt
Hunting	Jakt
Insect	Insekt
Lake	Innsjø
Map	Kart
Moon	Måne
Mountain	Fjell
Nature	Natur
Rope	Tau
Tent	Telt
Trees	Trær

Chemistry
Kjemi

Acid	Syre
Alkaline	Alkalisk
Atomic	Atom
Carbon	Karbon
Catalyst	Katalysator
Chlorine	Klor
Electron	Elektron
Enzyme	Enzym
Gas	Gass
Heat	Varme
Hydrogen	Hydrogen
Ion	Ion
Liquid	Væske
Molecule	Molekyl
Nuclear	Nukleær
Organic	Organisk
Oxygen	Oksygen
Salt	Salt
Temperature	Temperatur
Weight	Vekt

Circus
Sirkus

Acrobat	Akrobat
Animals	Dyr
Balloons	Ballonger
Clown	Klovn
Costume	Kostyme
Elephant	Elefant
Entertain	Underholde
Juggler	Sjonglør
Lion	Løve
Magic	Magi
Magician	Magiker
Monkey	Ape
Music	Musikk
Parade	Parade
Spectacular	Spektakulær
Spectator	Tilskuer
Tent	Telt
Ticket	Billett
Tiger	Tiger
Trick	Triks

Clothes
Klær

Apron	Forkle
Belt	Belte
Blouse	Bluse
Bracelet	Armbånd
Coat	Frakk
Dress	Kjole
Fashion	Mote
Gloves	Hansker
Hat	Hatt
Jacket	Jakke
Jeans	Jeans
Jewelry	Smykker
Pajamas	Pyjamas
Pants	Bukse
Sandals	Sandaler
Scarf	Skjerf
Shirt	Skjorte
Shoe	Sko
Skirt	Skjørt
Sweater	Genser

Countries #1
Land #1

Brazil	Brasil
Canada	Canada
Egypt	Egypt
Finland	Finland
Germany	Tyskland
Iraq	Irak
Israel	Israel
Italy	Italia
Latvia	Latvia
Libya	Libya
Morocco	Marokko
Nicaragua	Nicaragua
Norway	Norge
Panama	Panama
Poland	Polen
Romania	Romania
Senegal	Senegal
Spain	Spania
Venezuela	Venezuela
Vietnam	Vietnam

Countries #2
Land #2

Albania	Albania
Denmark	Danmark
Ethiopia	Etiopia
Greece	Hellas
Haiti	Haiti
Jamaica	Jamaica
Japan	Japan
Laos	Laos
Lebanon	Libanon
Liberia	Liberia
Mexico	Mexico
Nepal	Nepal
Nigeria	Nigeria
Pakistan	Pakistan
Russia	Russland
Somalia	Somalia
Sudan	Sudan
Syria	Syria
Uganda	Uganda
Ukraine	Ukraina

Creativity
Kreativitet

Artistic	Kunstnerisk
Authenticity	Autentisitet
Clarity	Klarhet
Dramatic	Dramatisk
Emotions	Følelser
Expression	Uttrykk
Fluidity	Flyt
Ideas	Ideer
Image	Bilde
Imagination	Fantasi
Impression	Inntrykk
Inspiration	Inspirasjon
Intensity	Intensitet
Intuition	Intuisjon
Inventive	Oppfinnsom
Sensation	Følelse
Skill	Ferdighet
Spontaneous	Spontan
Visions	Visjoner
Vitality	Vitalitet

Dance
Danse

Academy	Akademi
Art	Kunst
Body	Kropp
Choreography	Koreografi
Classical	Klassisk
Cultural	Kulturell
Culture	Kultur
Emotion	Følelse
Expressive	Uttrykksfull
Grace	Nåde
Joyful	Gledelig
Jump	Hoppe
Movement	Bevegelse
Music	Musikk
Partner	Samboer
Posture	Holdning
Rehearsal	Øving
Rhythm	Rytme
Traditional	Tradisjonell
Visual	Visuell

Days and Months
Dager og Måneder

April	April
August	August
Calendar	Kalender
February	Februar
Friday	Fredag
January	Januar
July	Juli
March	Mars
Monday	Mandag
Month	Måned
November	November
October	Oktober
Saturday	Lørdag
September	September
Sunday	Søndag
Thursday	Torsdag
Tuesday	Tirsdag
Wednesday	Onsdag
Week	Uke
Year	År

Diplomacy
Diplomati

Adviser	Rådgiver
Ambassador	Ambassadør
Citizens	Borgere
Civic	Civic
Community	Samfunnet
Conflict	Konflikt
Cooperation	Samarbeid
Diplomatic	Diplomatisk
Discussion	Diskusjon
Embassy	Ambassade
Ethics	Etikk
Government	Regjering
Humanitarian	Humanitær
Integrity	Integritet
Justice	Rettferdighet
Politics	Politikk
Resolution	Vedtak
Security	Sikkerhet
Solution	Løsning
Treaty	Traktat

Driving
Kjøring

Accident	Ulykke
Brakes	Bremser
Car	Bil
Danger	Fare
Driver	Sjåfør
Fuel	Brensel
Garage	Garasje
Gas	Gass
License	Lisens
Map	Kart
Motor	Motor
Motorcycle	Motorsykkel
Pedestrian	Fotgjenger
Police	Politi
Road	Vei
Safety	Sikkerhet
Speed	Hastighet
Traffic	Trafikk
Truck	Lastebil
Tunnel	Tunnel

Ecology
Økologi

Climate	Klima
Communities	Samfunn
Diversity	Mangfold
Drought	Tørke
Fauna	Fauna
Flora	Flora
Global	Global
Habitat	Habitat
Marine	Marine
Marsh	Myr
Mountains	Fjell
Natural	Naturlig
Nature	Natur
Plants	Planter
Resources	Ressurser
Species	Art
Survival	Overlevelse
Sustainable	Bærekraftig
Vegetation	Vegetasjon
Volunteers	Frivillige

Electricity
Elektrisitet

Battery	Batteri
Bulb	Pære
Cable	Kabel
Electric	Elektrisk
Electrician	Elektriker
Equipment	Utstyr
Generator	Generator
Lamp	Lampe
Laser	Laser
Magnet	Magnet
Negative	Negativ
Network	Nettverk
Objects	Objekter
Positive	Positiv
Quantity	Mengde
Socket	Stikkontakt
Storage	Lagring
Telephone	Telefon
Television	Tv
Wires	Ledninger

Emotions
Følelser

Anger	Sinne
Bliss	Lykksalighet
Boredom	Kjedsomhet
Calm	Rolig
Content	Innhold
Embarrassed	Flau
Fear	Frykt
Grateful	Takknemlig
Joy	Glede
Kindness	Vennlighet
Love	Kjærlighet
Peace	Fred
Relaxed	Avslappet
Relief	Lettelse
Sadness	Tristhet
Satisfied	Fornøyd
Surprise	Overraskelse
Sympathy	Sympati
Tenderness	Ømhet
Tranquility	Ro

Energy
Energi

Battery	Batteri
Carbon	Karbon
Diesel	Diesel
Electric	Elektrisk
Electron	Elektron
Entropy	Entropi
Environment	Miljø
Fuel	Brensel
Gasoline	Bensin
Heat	Varme
Hydrogen	Hydrogen
Industry	Industri
Motor	Motor
Nuclear	Nukleær
Photon	Foton
Pollution	Forurensing
Renewable	Fornybar
Steam	Damp
Turbine	Turbin
Wind	Vind

Engineering
Teknisk

Angle	Vinkel
Axis	Akser
Calculation	Beregning
Construction	Konstruksjon
Depth	Dybde
Diagram	Diagram
Diameter	Diameter
Diesel	Diesel
Dimensions	Dimensjoner
Distribution	Distribusjon
Energy	Energi
Levers	Spaker
Liquid	Væske
Machine	Maskin
Measurement	Mål
Motor	Motor
Propulsion	Fremdrift
Stability	Stabilitet
Strength	Styrke
Structure	Struktur

Family
Familien

Ancestor	Stamfar
Aunt	Tante
Brother	Bror
Child	Barn
Childhood	Barndom
Cousin	Fetter
Daughter	Datter
Father	Far
Grandchild	Barnebarn
Grandfather	Bestefar
Grandmother	Bestemor
Husband	Ektemann
Maternal	Mors
Mother	Mor
Nephew	Nevø
Niece	Niese
Paternal	Faderlig
Sister	Søster
Uncle	Onkel
Wife	Kone

Farm #1
Gården #1

Agriculture	Landbruk
Bee	Bie
Bison	Bison
Calf	Kalv
Cat	Katt
Chicken	Kylling
Cow	Ku
Crow	Kråke
Dog	Hund
Donkey	Esel
Fence	Gjerde
Fertilizer	Gjødsel
Field	Felt
Goat	Geit
Hay	Høy
Honey	Honning
Horse	Hest
Rice	Ris
Seeds	Frø
Water	Vann

Farm #2
Gården #2

Animals	Dyr
Barley	Bygg
Barn	Låve
Corn	Korn
Duck	And
Farmer	Bonde
Food	Mat
Fruit	Frukt
Irrigation	Vanning
Lamb	Lam
Llama	Lama
Meadow	Eng
Milk	Melk
Orchard	Frukthage
Sheep	Sau
Shepherd	Hyrde
Tractor	Traktor
Vegetable	Grønnsak
Wheat	Hvete
Windmill	Vindmølle

Fashion
Mote

Affordable	Rimelig
Boutique	Boutique
Buttons	Knapper
Clothing	Klær
Comfortable	Komfortabel
Elegant	Elegant
Embroidery	Broderi
Expensive	Dyrt
Fabric	Stoff
Lace	Blonder
Measurements	Målinger
Minimalist	Minimalistisk
Modern	Moderne
Modest	Beskjeden
Original	Original
Pattern	Mønster
Practical	Praktisk
Style	Stil
Texture	Tekstur
Trend	Trend

Flowers
Blomster

Bouquet	Bukett
Clover	Kløver
Daffodil	Påskelilje
Daisy	Tusenfryd
Dandelion	Løvetann
Gardenia	Gardenia
Hibiscus	Hibiskus
Jasmine	Sjasmin
Lavender	Lavendel
Lilac	Lilla
Lily	Lilje
Magnolia	Magnolia
Orchid	Orkidé
Passionflower	Pasjonsblomst
Peony	Peon
Petal	Kronblad
Plumeria	Plumeria
Poppy	Valmue
Sunflower	Solsikke
Tulip	Tulipan

Food #1
Mat #1

Apricot	Aprikos
Barley	Bygg
Basil	Basilikum
Carrot	Gulrot
Cinnamon	Kanel
Garlic	Hvitløk
Juice	Juice
Lemon	Sitron
Milk	Melk
Onion	Løk
Peanut	Peanøtt
Pear	Pære
Salad	Salat
Salt	Salt
Soup	Suppe
Spinach	Spinat
Strawberry	Jordbær
Sugar	Sukker
Tuna	Tunfisk
Turnip	Nepe

Food #2
Mat #2

Apple	Eple
Artichoke	Artisjokk
Banana	Banan
Broccoli	Brokkoli
Celery	Selleri
Cheese	Ost
Cherry	Kirsebær
Chicken	Kylling
Chocolate	Sjokolade
Egg	Egg
Eggplant	Aubergine
Fish	Fisk
Grape	Drue
Ham	Skinke
Kiwi	Kiwi
Mushroom	Sopp
Rice	Ris
Tomato	Tomat
Wheat	Hvete
Yogurt	Yoghurt

Force and Gravity
Kraft og Gravitasjon

Axis	Akser
Center	Sentrum
Discovery	Oppdagelse
Distance	Avstand
Dynamic	Dynamisk
Expansion	Utvidelse
Friction	Friksjon
Impact	Innvirkning
Magnetism	Magnetisme
Mechanics	Mekanikk
Motion	Bevegelse
Orbit	Bane
Physics	Fysikk
Planets	Planeter
Pressure	Press
Properties	Egenskaper
Speed	Hastighet
Time	Tid
Universal	Universell
Weight	Vekt

Fruit
Frukt

Apple	Eple
Apricot	Aprikos
Avocado	Avokado
Banana	Banan
Berry	Bær
Cherry	Kirsebær
Coconut	Kokosnøtt
Fig	Fig
Grape	Drue
Guava	Guava
Kiwi	Kiwi
Lemon	Sitron
Mango	Mango
Melon	Melon
Nectarine	Nektarin
Papaya	Papaya
Peach	Fersken
Pear	Pære
Pineapple	Ananas
Raspberry	Bringebær

Garden
Hage

Bench	Benk
Bush	Busk
Fence	Gjerde
Flower	Blomst
Garage	Garasje
Garden	Hage
Grass	Gress
Hammock	Hengekøye
Hose	Slange
Lawn	Plen
Orchard	Frukthage
Pond	Dam
Porch	Veranda
Rake	Rake
Shovel	Spade
Terrace	Terrasse
Trampoline	Trampoline
Tree	Tre
Vine	Vintreet
Weeds	Ugress

Gardening
Hagearbeid

Blossom	Blomstre
Botanical	Botanisk
Bouquet	Bukett
Climate	Klima
Compost	Kompost
Container	Beholder
Dirt	Skitt
Edible	Spiselig
Exotic	Eksotisk
Floral	Blomster
Foliage	Løvverk
Hose	Slange
Leaf	Blad
Moisture	Fuktighet
Orchard	Frukthage
Seasonal	Sesongmessig
Seeds	Frø
Soil	Jord
Species	Art
Water	Vann

Geography
Geografi

Altitude	Høyde
Atlas	Atlas
City	By
Continent	Kontinent
Country	Land
Equator	Ekvator
Hemisphere	Halvkule
Island	Øy
Latitude	Breddegrad
Map	Kart
Meridian	Meridian
Mountain	Fjell
North	Nord
Region	Region
River	Elv
Sea	Hav
South	Sør
Territory	Territorium
West	Vest
World	Verden

Geology
Geologi

Acid	Syre
Calcium	Kalsium
Cavern	Hule
Continent	Kontinent
Coral	Korall
Crystals	Crystal
Cycles	Sykluser
Earthquake	Jordskjelv
Erosion	Erosjon
Fossil	Fossilt
Geyser	Geysir
Lava	Lava
Layer	Lag
Minerals	Mineraler
Plateau	Platå
Quartz	Kvarts
Salt	Salt
Stalactite	Stalaktitt
Stone	Stein
Volcano	Vulkan

Geometry
Geometri

Angle	Vinkel
Calculation	Beregning
Circle	Sirkel
Curve	Kurve
Diameter	Diameter
Dimension	Dimensjon
Equation	Ligning
Height	Høyde
Horizontal	Horisontal
Logic	Logikk
Mass	Masse
Median	Median
Number	Nummer
Parallel	Parallell
Proportion	Andel
Segment	Segmentet
Surface	Flate
Symmetry	Symmetri
Theory	Teori
Triangle	Trekant

Government
Myndighetene

Civil	Sivil
Constitution	Grunnlov
Democracy	Demokrati
Discussion	Diskusjon
District	Distrikt
Equality	Likestilling
Independence	Uavhengighet
Judicial	Rettslig
Justice	Rettferdighet
Law	Lov
Leader	Leder
Legal	Lovlig
Liberty	Frihet
Monument	Monument
Nation	Nasjon
Peaceful	Fredelig
Politics	Politikk
Speech	Tale
State	Stat
Symbol	Symbol

Hair Types
Hårtyper

Bald	Skallet
Black	Svart
Blond	Blond
Braided	Flettet
Braids	Fletter
Brown	Brun
Colored	Farget
Curls	Krøller
Curly	Krøllet
Dry	Tørr
Gray	Grå
Healthy	Sunn
Long	Lang
Shiny	Skinnende
Short	Kort
Soft	Myk
Thick	Tykk
Thin	Tynn
Wavy	Bølgete
White	Hvit

Health and Wellness #1
Helse og Velvære #1

Active	Aktiv
Bacteria	Bakterie
Bones	Bein
Clinic	Klinikk
Doctor	Lege
Fracture	Brudd
Habit	Vane
Height	Høyde
Hormones	Hormoner
Hunger	Sult
Medicine	Medisin
Muscles	Muskler
Nerves	Nerver
Pharmacy	Apotek
Reflex	Refleks
Relaxation	Avslapning
Skin	Hud
Therapy	Terapi
Treatment	Behandling
Virus	Virus

Health and Wellness #2
Helse og Velvære #2

Allergy	Allergi
Anatomy	Anatomi
Appetite	Appetitt
Blood	Blod
Calorie	Kalori
Dehydration	Dehydrering
Diet	Diett
Disease	Sykdom
Energy	Energi
Genetics	Genetikk
Healthy	Sunn
Hospital	Sykehus
Hygiene	Hygiene
Infection	Infeksjon
Massage	Massasje
Mood	Humør
Nutrition	Ernæring
Stress	Stress
Vitamin	Vitamin
Weight	Vekt

Herbalism
Urtemedisin

Aromatic	Aromatisk
Basil	Basilikum
Beneficial	Gunstig
Culinary	Kulinarisk
Fennel	Fennikel
Flavor	Smak
Flower	Blomst
Garden	Hage
Garlic	Hvitløk
Green	Grønn
Ingredient	Ingrediens
Lavender	Lavendel
Marjoram	Marjoram
Mint	Mynte
Oregano	Oregano
Parsley	Persille
Plant	Plante
Rosemary	Rosmarin
Saffron	Safran
Tarragon	Estragon

Hiking
Vandring

Animals	Dyr
Boots	Støvler
Camping	Camping
Cliff	Klippe
Climate	Klima
Hazards	Farer
Heavy	Tung
Map	Kart
Mosquitoes	Mygg
Mountain	Fjell
Nature	Natur
Orientation	Orientering
Parks	Parker
Preparation	Forberedelse
Stones	Steiner
Summit	Toppmøte
Sun	Sol
Tired	Trøtt
Water	Vann
Wild	Vill

House
Hus

Attic	Loft
Broom	Kost
Curtains	Gardiner
Door	Dør
Fence	Gjerde
Fireplace	Peis
Floor	Gulv
Furniture	Møbler
Garage	Garasje
Garden	Hage
Keys	Nøkler
Kitchen	Kjøkken
Lamp	Lampe
Library	Bibliotek
Mirror	Speil
Roof	Tak
Room	Rom
Shower	Dusj
Wall	Vegg
Window	Vindu

Human Body
Menneskekroppen

Ankle	Ankel
Blood	Blod
Brain	Hjerne
Chin	Hake
Ear	Øre
Elbow	Albue
Face	Ansikt
Finger	Finger
Hand	Hånd
Head	Hode
Heart	Hjerte
Jaw	Kjeve
Knee	Kne
Leg	Bein
Lips	Lepper
Mouth	Munn
Neck	Hals
Nose	Nese
Shoulder	Skulder
Skin	Hud

Jazz
Jazz

Album	Album
Applause	Applaus
Artist	Kunstner
Composer	Komponist
Composition	Sammensetning
Concert	Konsert
Drums	Trommer
Emphasis	Vekt
Famous	Berømt
Favorites	Favoritter
Improvisation	Improvisasjon
Music	Musikk
New	Ny
Old	Gammel
Orchestra	Orkester
Rhythm	Rytme
Song	Sang
Style	Stil
Talent	Talent
Technique	Teknikk

Kitchen
Kjøkken

Apron	Forkle
Bowl	Bolle
Chopsticks	Spisepinner
Cups	Kopper
Food	Mat
Forks	Gafler
Freezer	Fryser
Grill	Grille
Jar	Krukke
Jug	Mugge
Kettle	Kjele
Knives	Kniver
Ladle	Øse
Napkin	Serviett
Oven	Ovn
Recipe	Oppskrift
Refrigerator	Kjøleskap
Spices	Krydder
Sponge	Svamp
Spoons	Skjeer

Landscapes
Landskap

Beach	Strand
Cave	Hule
Cliff	Klippe
Desert	Ørken
Geyser	Geysir
Glacier	Isbre
Hill	Ås
Iceberg	Isfjell
Island	Øy
Lake	Innsjø
Mountain	Fjell
Oasis	Oase
Peninsula	Halvøy
River	Elv
Sea	Hav
Swamp	Sump
Tundra	Tundra
Valley	Dal
Volcano	Vulkan
Waterfall	Foss

Literature
Litteratur

Analogy	Analogi
Analysis	Analyse
Anecdote	Anekdote
Author	Forfatter
Biography	Biografi
Comparison	Sammenligning
Conclusion	Konklusjon
Description	Beskrivelse
Dialogue	Dialog
Metaphor	Metafor
Narrator	Forteller
Novel	Roman
Opinion	Mening
Poem	Dikt
Poetic	Poetisk
Rhyme	Rim
Rhythm	Rytme
Style	Stil
Theme	Tema
Tragedy	Tragedie

Mammals
Pattedyr

Bear	Bjørn
Beaver	Bever
Bull	Okse
Cat	Katt
Coyote	Prærieulv
Dog	Hund
Dolphin	Delfin
Elephant	Elefant
Fox	Rev
Giraffe	Sjiraff
Gorilla	Gorilla
Horse	Hest
Kangaroo	Kenguru
Lion	Løve
Monkey	Ape
Rabbit	Kanin
Sheep	Sau
Whale	Hval
Wolf	Ulv
Zebra	Sebra

Math
Matematikk

Angles	Vinkler
Arithmetic	Aritmetikk
Circumference	Omkrets
Decimal	Desimal
Degrees	Grader
Diameter	Diameter
Division	Divisjon
Equation	Ligning
Exponent	Eksponent
Fraction	Brøkdel
Geometry	Geometri
Parallel	Parallell
Polygon	Polygon
Radius	Radius
Rectangle	Rektangel
Square	Torget
Sum	Sum
Symmetry	Symmetri
Triangle	Trekant
Volume	Volum

Measurements
Målinger

Byte	Byte
Centimeter	Centimeter
Decimal	Desimal
Degree	Grad
Depth	Dybde
Gram	Gram
Height	Høyde
Inch	Tomme
Kilogram	Kilo
Kilometer	Kilometer
Length	Lengde
Liter	Liter
Mass	Masse
Meter	Meter
Minute	Minutt
Ounce	Unse
Ton	Tonn
Volume	Volum
Weight	Vekt
Width	Bredde

Meditation
Meditasjon

Acceptance	Aksept
Attention	Oppmerksomhet
Awake	Våken
Breathing	Puste
Calm	Rolig
Clarity	Klarhet
Compassion	Medfølelse
Emotions	Følelser
Gratitude	Takknemlighet
Habits	Vaner
Kindness	Vennlighet
Mental	Mental
Mind	Sinn
Movement	Bevegelse
Music	Musikk
Nature	Natur
Peace	Fred
Perspective	Perspektiv
Silence	Stillhet
Thoughts	Tanker

Music
Musikk

Album	Album
Ballad	Ballade
Chorus	Kor
Classical	Klassisk
Eclectic	Eklektisk
Harmonic	Harmonisk
Harmony	Harmoni
Lyrical	Lyrisk
Melody	Melodi
Microphone	Mikrofon
Musical	Musikalsk
Musician	Musiker
Opera	Opera
Poetic	Poetisk
Recording	Innspilling
Rhythm	Rytme
Rhythmic	Rytmisk
Sing	Synge
Singer	Sanger
Vocal	Vokal

Musical Instruments
Musikkinstrumenter

Banjo	Banjo
Bassoon	Fagott
Cello	Cello
Clarinet	Klarinett
Drum	Tromme
Drumsticks	Trommestikker
Flute	Fløyte
Gong	Gong
Guitar	Gitar
Harp	Harpe
Mandolin	Mandolin
Marimba	Marimba
Oboe	Obo
Percussion	Perkusjon
Piano	Piano
Saxophone	Saksofon
Tambourine	Tamburin
Trombone	Trombone
Trumpet	Trompet
Violin	Fiolin

Mythology
Mytologi

Archetype	Arketype
Behavior	Oppførsel
Beliefs	Tro
Creation	Skapelse
Creature	Skapning
Culture	Kultur
Disaster	Katastrofe
Heaven	Himmel
Hero	Helt
Immortality	Udødelighet
Jealousy	Sjalusi
Labyrinth	Labyrint
Legend	Legende
Lightning	Lyn
Monster	Monster
Mortal	Dødelig
Revenge	Hevn
Strength	Styrke
Thunder	Torden
Warrior	Kriger

Nature
Naturen

Animals	Dyr
Arctic	Arktisk
Beauty	Skjønnhet
Bees	Bier
Cliffs	Klipper
Clouds	Skyer
Desert	Ørken
Dynamic	Dynamisk
Erosion	Erosjon
Fog	Tåke
Foliage	Løvverk
Forest	Skog
Glacier	Isbre
Peaceful	Fredelig
River	Elv
Sanctuary	Helligdom
Serene	Rolig
Tropical	Tropisk
Vital	Viktig
Wild	Vill

Numbers
Antall

Decimal	Desimal
Eight	Åtte
Eighteen	Atten
Fifteen	Femten
Five	Fem
Four	Fire
Fourteen	Fjorten
Nine	Ni
Nineteen	Nitten
One	En
Seven	Syv
Seventeen	Sytten
Six	Seks
Sixteen	Seksten
Ten	Ti
Thirteen	Tretten
Three	Tre
Twelve	Tolv
Twenty	Tjue
Two	To

Nutrition
Ernæring

Appetite	Appetitt
Balanced	Balansert
Bitter	Bitter
Calories	Kalorier
Carbohydrates	Karbohydrater
Diet	Diett
Digestion	Fordøyelse
Edible	Spiselig
Fermentation	Gjæring
Flavor	Smak
Habits	Vaner
Health	Helse
Healthy	Sunn
Nutrient	Næringsstoff
Proteins	Proteiner
Quality	Kvalitet
Sauce	Saus
Toxin	Gift
Vitamin	Vitamin
Weight	Vekt

Ocean
Havet

Algae	Alger
Coral	Korall
Crab	Krabbe
Dolphin	Delfin
Eel	Ål
Fish	Fisk
Jellyfish	Manet
Octopus	Blekksprut
Oyster	Østers
Reef	Rev
Salt	Salt
Seaweed	Tang
Shark	Hai
Shrimp	Reke
Sponge	Svamp
Storm	Storm
Tides	Tidevann
Tuna	Tunfisk
Turtle	Skilpadde
Whale	Hval

Pets
Kjæledyr

Cat	Katt
Claws	Klør
Collar	Krage
Cow	Ku
Dog	Hund
Fish	Fisk
Food	Mat
Goat	Geit
Hamster	Hamster
Kitten	Kattunge
Leash	Bånd
Lizard	Øgle
Mouse	Mus
Parrot	Papegøye
Puppy	Valp
Rabbit	Kanin
Tail	Hale
Turtle	Skilpadde
Veterinarian	Veterinær
Water	Vann

Philanthropy
Filantropi

Challenges	Utfordringer
Charity	Veldedighet
Children	Barn
Community	Samfunnet
Contacts	Kontakter
Donate	Donere
Finance	Finans
Funds	Midler
Generosity	Gavmildhet
Goals	Mål
Groups	Grupper
History	Historie
Honesty	Ærlighet
Humanity	Menneskehet
Mission	Misjon
Need	Trenge
People	Folk
Programs	Programmer
Public	Offentlig
Youth	Ungdom

Physics
Fysikk

Acceleration	Akselerasjon
Atom	Atom
Chaos	Kaos
Chemical	Kjemisk
Density	Tetthet
Electron	Elektron
Engine	Motor
Expansion	Utvidelse
Experiment	Eksperiment
Formula	Formel
Frequency	Frekvens
Gas	Gass
Magnetism	Magnetisme
Mass	Masse
Mechanics	Mekanikk
Molecule	Molekyl
Nuclear	Nukleær
Particle	Partikkel
Universal	Universell
Velocity	Hastighet

Plants
Planter

Bamboo	Bambus
Bean	Bønne
Berry	Bær
Botany	Botanikk
Bush	Busk
Cactus	Kaktus
Fertilizer	Gjødsel
Flora	Flora
Flower	Blomst
Foliage	Løvverk
Forest	Skog
Garden	Hage
Grass	Gress
Ivy	Eføy
Moss	Mose
Petal	Kronblad
Root	Rot
Stem	Stilk
Tree	Tre
Vegetation	Vegetasjon

Professions #1

Yrker # 1

Ambassador	Ambassadør
Astronomer	Astronom
Attorney	Advokat
Banker	Bankier
Cartographer	Kartograf
Coach	Trener
Dancer	Danser
Doctor	Lege
Editor	Redaktør
Geologist	Geolog
Hunter	Jeger
Jeweler	Gullsmed
Musician	Musiker
Nurse	Sykepleier
Pianist	Pianist
Plumber	Rørlegger
Psychologist	Psykolog
Sailor	Sjømann
Tailor	Skredder
Veterinarian	Veterinær

Professions #2

Yrker # 2

Astronaut	Astronaut
Biologist	Biolog
Dentist	Tannlege
Detective	Detektiv
Engineer	Ingeniør
Farmer	Bonde
Gardener	Gartner
Illustrator	Illustratør
Inventor	Oppfinner
Journalist	Journalist
Librarian	Bibliotekar
Linguist	Lingvist
Painter	Maler
Philosopher	Filosof
Photographer	Fotograf
Physician	Lege
Pilot	Pilot
Surgeon	Kirurg
Teacher	Lærer
Zoologist	Zoolog

Psychology

Psykologi

Appointment	Avtale
Assessment	Vurdering
Behavior	Oppførsel
Childhood	Barndom
Clinical	Klinisk
Cognition	Kognisjon
Conflict	Konflikt
Dreams	Drømmer
Ego	Ego
Emotions	Følelser
Experiences	Erfaringer
Ideas	Ideer
Perception	Oppfatning
Personality	Personlighet
Problem	Problem
Reality	Virkelighet
Sensation	Følelse
Therapy	Terapi
Thoughts	Tanker
Unconscious	Bevisstløs

Rainforest

Regnskogen

Amphibians	Amfibier
Birds	Fugler
Botanical	Botanisk
Climate	Klima
Clouds	Skyer
Community	Samfunnet
Diversity	Mangfold
Indigenous	Urfolk
Insects	Insekter
Jungle	Jungel
Mammals	Pattedyr
Moss	Mose
Nature	Natur
Preservation	Bevaring
Refuge	Tilflukt
Respect	Respekt
Restoration	Restaurering
Species	Art
Survival	Overlevelse
Valuable	Verdifull

Restaurant #2

Restaurant # 2

Beverage	Drikk
Cake	Kake
Chair	Stol
Delicious	Deilig
Dinner	Middag
Eggs	Egg
Fish	Fisk
Fork	Gaffel
Fruit	Frukt
Ice	Is
Lunch	Lunsj
Noodles	Nudler
Salad	Salat
Salt	Salt
Soup	Suppe
Spices	Krydder
Spoon	Skje
Vegetables	Grønnsaker
Waiter	Kelner
Water	Vann

Science

Vitenskap

Atom	Atom
Chemical	Kjemisk
Climate	Klima
Data	Data
Evolution	Evolusjon
Experiment	Eksperiment
Fact	Faktum
Fossil	Fossilt
Gravity	Tyngdekraft
Hypothesis	Hypotese
Laboratory	Laboratorium
Method	Metode
Minerals	Mineraler
Molecules	Molekyler
Nature	Natur
Organism	Organisme
Particles	Partikler
Physics	Fysikk
Plants	Planter
Scientist	Forsker

Science Fiction
Science Fiction

Atomic	Atom
Books	Bøker
Chemicals	Kjemikalier
Cinema	Kino
Dystopia	Dystopi
Explosion	Eksplosjon
Extreme	Ekstrem
Fantastic	Fantastisk
Fire	Brann
Futuristic	Futuristisk
Galaxy	Galaxy
Illusion	Illusjon
Imaginary	Innbilt
Mysterious	Mystisk
Oracle	Orakel
Planet	Planet
Robots	Roboter
Technology	Teknologi
Utopia	Utopi
World	Verden

Scientific Disciplines
Vitenskapelige Disipliner

Anatomy	Anatomi
Archaeology	Arkeologi
Astronomy	Astronomi
Biochemistry	Biokjemi
Biology	Biologi
Botany	Botanikk
Chemistry	Kjemi
Ecology	Økologi
Geology	Geologi
Immunology	Immunologi
Kinesiology	Kinesiologi
Linguistics	Lingvistikk
Mechanics	Mekanikk
Mineralogy	Mineralogi
Neurology	Nevrologi
Physiology	Fysiologi
Psychology	Psykologi
Sociology	Sosiologi
Thermodynamics	Termodynamikk
Zoology	Zoologi

Shapes
Former

Arc	Bue
Circle	Sirkel
Cone	Kjegle
Corner	Hjørne
Cube	Kube
Curve	Kurve
Cylinder	Sylinder
Edges	Kanter
Ellipse	Ellipse
Hyperbola	Hyperbola
Line	Linje
Oval	Oval
Polygon	Polygon
Prism	Prisme
Pyramid	Pyramide
Rectangle	Rektangel
Side	Side
Sphere	Sfære
Square	Torget
Triangle	Trekant

Spices
Krydder

Anise	Anis
Bitter	Bitter
Cardamom	Kardemomme
Cinnamon	Kanel
Clove	Fedd
Coriander	Koriander
Cumin	Spisskummen
Curry	Karri
Fennel	Fennikel
Flavor	Smak
Garlic	Hvitløk
Ginger	Ingefær
Licorice	Lakris
Nutmeg	Muskat
Onion	Løk
Paprika	Paprika
Saffron	Safran
Salt	Salt
Sweet	Søt
Vanilla	Vanilje

Technology
Teknologi

Blog	Blogg
Browser	Nettleser
Bytes	Byte
Camera	Kamera
Computer	Datamaskin
Cursor	Markør
Data	Data
Digital	Digitalt
Display	Vise
File	Fil
Font	Skrift
Internet	Internett
Message	Melding
Research	Forskning
Screen	Skjerm
Security	Sikkerhet
Software	Programvare
Statistics	Statistikk
Virtual	Virtuell
Virus	Virus

The Company
Selskapet

Business	Virksomhet
Creative	Kreativ
Decision	Beslutning
Employment	Sysselsetting
Global	Global
Industry	Industri
Innovative	Innovativ
Investment	Investering
Possibility	Mulighet
Presentation	Presentasjon
Product	Produkt
Professional	Profesjonell
Progress	Framgang
Quality	Kvalitet
Reputation	Rykte
Resources	Ressurser
Revenue	Inntekter
Risks	Risiko
Trends	Trender
Units	Enheter

The Media
Mediene

Advertisements	Annonser
Attitudes	Holdninger
Commercial	Kommersiell
Communication	Kommunikasjon
Digital	Digitalt
Edition	Utgave
Education	Utdanning
Facts	Fakta
Funding	Finansiering
Individual	Individ
Industry	Industri
Intellectual	Intellektuell
Local	Lokal
Magazines	Magasiner
Network	Nettverk
Newspapers	Aviser
Online	Online
Opinion	Mening
Public	Offentlig
Radio	Radio

Time
Tid

Annual	Årlig
Before	Før
Calendar	Kalender
Century	Århundre
Clock	Klokke
Day	Dag
Decade	Tiår
Early	Tidlig
Future	Fremtid
Hour	Time
Minute	Minutt
Month	Måned
Morning	Morgen
Night	Natt
Noon	Middagstid
Now	Nå
Soon	Snart
Today	I Dag
Week	Uke
Year	År

Town
Byen

Airport	Flyplassen
Bakery	Bakeri
Bank	Bank
Bookstore	Bokhandel
Cafe	Kafé
Cinema	Kino
Clinic	Klinikk
Gallery	Galleri
Hotel	Hotell
Library	Bibliotek
Market	Marked
Museum	Museum
Pharmacy	Apotek
School	Skole
Stadium	Stadion
Store	Butikk
Supermarket	Supermarked
Theater	Teater
University	Universitet
Zoo	Dyrehage

Universe
Universet

Asteroid	Asteroide
Astronomer	Astronom
Astronomy	Astronomi
Atmosphere	Atmosfære
Celestial	Himmelsk
Cosmic	Kosmisk
Darkness	Mørke
Eon	Eon
Galaxy	Galaxy
Hemisphere	Halvkule
Horizon	Horisont
Latitude	Breddegrad
Moon	Måne
Orbit	Bane
Sky	Himmel
Solar	Solar
Solstice	Solverv
Telescope	Teleskop
Visible	Synlig
Zodiac	Dyrekretsen

Vacation #2
Ferie # 2

Airport	Flyplassen
Beach	Strand
Camping	Camping
Destination	Destinasjon
Foreign	Fremmed
Foreigner	Utlending
Holiday	Ferie
Hotel	Hotell
Island	Øy
Journey	Reise
Leisure	Fritid
Map	Kart
Mountains	Fjell
Passport	Pass
Sea	Hav
Taxi	Taxi
Tent	Telt
Train	Tog
Transportation	Transport
Visa	Visum

Vegetables
Grønnsaker

Artichoke	Artisjokk
Broccoli	Brokkoli
Carrot	Gulrot
Cauliflower	Blomkål
Celery	Selleri
Cucumber	Agurk
Eggplant	Aubergine
Garlic	Hvitløk
Ginger	Ingefær
Mushroom	Sopp
Onion	Løk
Parsley	Persille
Pea	Ert
Pumpkin	Gresskar
Radish	Reddik
Salad	Salat
Shallot	Sjalottløk
Spinach	Spinat
Tomato	Tomat
Turnip	Nepe

Vehicles
Kjøretøy

Airplane	Fly
Ambulance	Ambulanse
Bicycle	Sykkel
Boat	Båt
Bus	Buss
Car	Bil
Caravan	Campingvogn
Ferry	Ferje
Helicopter	Helikopter
Motor	Motor
Raft	Flåte
Rocket	Rakett
Scooter	Scooter
Submarine	Undervannsbåt
Subway	T
Taxi	Taxi
Tires	Dekk
Tractor	Traktor
Train	Tog
Truck	Lastebil

Visual Arts
Bildende Kunst

Architecture	Arkitektur
Artist	Artist
Ceramics	Keramikk
Chalk	Kritt
Charcoal	Kull
Clay	Leire
Composition	Sammensetning
Creativity	Kreativitet
Easel	Staffeli
Film	Film
Masterpiece	Mesterverk
Painting	Maleri
Pen	Penn
Pencil	Blyant
Perspective	Perspektiv
Photograph	Fotografi
Portrait	Portrett
Sculpture	Skulptur
Stencil	Sjablong
Wax	Voks

Water
Vann

Canal	Kanal
Damp	Fuktig
Evaporation	Fordampning
Flood	Flom
Frost	Frost
Geyser	Geysir
Hurricane	Orkan
Ice	Is
Irrigation	Vanning
Lake	Innsjø
Moisture	Fuktighet
Monsoon	Monsun
Ocean	Hav
Rain	Regn
River	Elv
Shower	Dusj
Snow	Snø
Soaked	Gjennomvåt
Steam	Damp
Waves	Bølger

Weather
Været

Atmosphere	Atmosfære
Breeze	Bris
Climate	Klima
Cloud	Sky
Drought	Tørke
Dry	Tørr
Fog	Tåke
Hurricane	Orkan
Ice	Is
Lightning	Lyn
Monsoon	Monsun
Polar	Polar
Rainbow	Regnbue
Sky	Himmel
Storm	Storm
Temperature	Temperatur
Thunder	Torden
Tornado	Tornado
Tropical	Tropisk
Wind	Vind

Congratulations

You made it!

We hope you enjoyed this book as much as we enjoyed making it. We do our best to make high quality games.
These puzzles are designed in a clever way for you to learn actively while having fun!

Did you love them?

A Simple Request

Our books exist thanks your reviews. Could you help us by leaving one now?

Here is a short link which will take you to your order review page:

BestBooksActivity.com/Review50

MONSTER CHALLENGE!

Challenge #1

Ready for Your Bonus Game? We use them all the time but they are not so easy to find. Here are **Synonyms**!

Note 5 words you discovered in each of the Puzzles noted below (#21, #36, #76) and try to find 2 synonyms for each word.

*Note 5 Words from **Puzzle 21***

Words	Synonym 1	Synonym 2

*Note 5 Words from **Puzzle 36***

Words	Synonym 1	Synonym 2

*Note 5 Words from **Puzzle 76***

Words	Synonym 1	Synonym 2

Challenge #2

Now that you are warmed-up, note 5 words you discovered in each Puzzle noted below (#9, #17, #25) and try to find 2 antonyms for each word. How many lines can you do in 20 minutes?

Note 5 Words from ***Puzzle 9***

Words	Antonym 1	Antonym 2

Note 5 Words from ***Puzzle 17***

Words	Antonym 1	Antonym 2

Note 5 Words from ***Puzzle 25***

Words	Antonym 1	Antonym 2

Challenge #3

Wonderful, this monster  challenge is nothing to you!

Ready for the last one? Choose your 10 favorite words discovered in any of the Puzzles and note them below.

1.	6.
2.	7.
3.	8.
4.	9.
5.	10.

Now, using these words and within a maximum of six sentences, your challenge is to compose a text about a person, animal or place that you love!

Tip: You can use the last blank page of this book as a draft!

Your Writing:

NOTEBOOK:

SEE YOU SOON!

Linguas Classics Team

www.ingramcontent.com/pod-product-compliance
Lightning Source LLC
Chambersburg PA
CBHW082153120626
46553CB00010B/2878
* 9 7 9 8 8 9 6 7 0 8 1 8 6 *